# 塘约答问

TANG YUE DA WEN

郑东升 著

贵州出版集团
贵州人民出版社

改革开放以来农村改革的伟大实践，推动我国农业生产、农民生活、农村面貌发生了巨大变化，为我国改革开放和社会主义现代化建设作出了重大贡献。这些巨大变化，使广大农民看到了走向富裕的光明前景，坚定了跟着我们党走中国特色社会主义道路的信心。对农村改革的成功实践和经验，要长期坚持、不断完善。

——习近平

塘约村山头上挺立的"穷则思变"四个大字

塘约村办公楼

塘约村中心区域

村口新貌 ｜ 文化广场
温馨民居 ｜ 旅游公厕

# 目
## MU LU
# 录

# 前
QIAN YAN
# 言

中国农村改革向何处去?

塘约村给出了答案。

塘约,大山深处的小村庄,一个安顺市的二类贫困村。2014年夏季,一场罕见的洪水把很多家庭冲得一贫如洗,让本来就不富裕的村庄雪上加霜。

穷则思变。水灾过后,在上级党委支持下,村党支部领导成立"村社一体"的合作社,全体村民自愿把承包地确权入股到合作社,进而实现"七权同确",激活了农村沉睡的资源,全村重新组织起来走上集体合作化道路。短短两三年时间,由一个"榜上有名"的贫困村,"破茧蝶变"而跃入小康村行列,家家推倒老屋盖新房。

习近平总书记系列重要讲话是马克思主义中国化的最新理论成果。开展"两学一做"学习教育,学系列讲话,就是要学习贯穿其中的立场、观点、方法,学以致用,用以指导具体的工作实践。塘约村的发展，不仅仅是村庄脱贫致富的故事，塘约实践的背后，是塘约村人艰苦奋斗，认真学习习近平总书记系列重要讲话精神，在村党支部领导下，不唯书、不唯上，只唯实，用实践回答中国农村改革发展道路和方向的积极探索。

塘约的发展吸引了全国的目光和热议，其中既有肯定和鼓励，也有质疑，需要我们对塘约的实践作理性的思考和分析。

本书尝试把中央脱贫攻坚理论的解读通俗化，把塘约实践经验总结理论化，初步回答了当前中国农村改革存在的问题。这也是《塘约答问》书名的由来。

本书各章由四个部分组成：第一部分，归纳提出农村脱贫攻坚所面临的问题；第二部分，学习习近平总书记关于如何解决这些问题的重要讲话精神和中央脱贫攻坚的理论政策；第三部分，塘约对脱贫攻坚所面临问题的认识和对中央脱贫攻坚政策理论的学习理解；第四部分，用塘约实践来回答实践中提出的问题。

紧扣时代脉搏，塘约为中国广大农村找到了一个脱贫致富的方向，在实践中作了一些尝试和探索。

实践，永无止境！

# 第一章

# 激活农村干部和群众内生动力

贫困地区发展要靠内生动力，如果凭空救济出一个新村，简单改变村容村貌，内在活力不行，劳动力不能回流，没有经济上的持续来源，这个地方下一步发展还是有问题。一个地方必须有产业，有劳动力，内外结合才能发展。

——2012年12月29日至30日，习近平总书记在河北省阜平县考察扶贫开发工作时的讲话

**关键词：同步小康 前提 脱贫攻坚 内生动力**

扶贫，关键是扶志。决胜脱贫攻坚，同步全面小康，最终取决于贫困群众自身。只有发挥人的主观能动性，激活人的内生动力，使发展成为自身的需要，自力更生，艰苦奋斗，才能实现可持续发展。

### 一、农村的"空壳化"

农村是农民聚居生活的区域，农村的主体是农民。农村的建设要依靠广大村民，尤其是那些青壮年村民。

由于可利用土地资源有限，人均耕地较少，生产方式落后，产业结构单一，中国西部广大农村的农民依旧过着靠天吃饭的日子，若是遇上天公不作美，发生干旱或洪涝，辛辛苦苦干了一年，非但挣不到钱，还要自己赔钱进去。如果遇到家里有老人生病或孩子上学，那日子就更揭不开锅了。日子不是过得一年比一年好，而是勉强解决温饱问题。几十年过去了，农民还是那些农民，日子还是那个日子，生活水平始终在贫困线上下徘徊。

从20世纪90年代开始，这种状况明显发生了变化。改革开放以来，由于实行家庭联产承包责任制，极大地调动了农民的生产积极性，中国广大农村发生了巨大变化，农民的生活水平也有了大幅度的提升。改革开放解放了农民，没有什么能捆住大家的手脚，农民可以放开去干，"老死不离家，饿死不离乡"的思想已经悄悄转变，土地不再成为农民赖以生存的资源和手段。相对于千百年来在土里刨食的谋生方式，外出打工带来了新的景象，在许多"空壳村"，都能看到类似"出去打工如考研，既学本领又赚钱"的大标语。这是当地政府的号召。没有资本撬动，没有产业带动，有的只是一膀子力气，出卖劳动力成为农民和当地政府无奈之下的被动选择。

在这种情况下，伴随大规模的"打工潮"，大量农村人口外出打工，直接导致农村大量土地撂荒，出现了数量众多的"空壳化"村庄。

大量农民之所以选择进城务工，主要原因在于：一是收入的巨大反差，外出打工出卖的是劳动力，而自己不需要额外的投资，只要干了活，什么都不需要管，按月就能拿到工资。二是实行家庭联产承包责任制后，解放了农民，出现了大量剩余的劳动力，在农村很难找到就业机会。"一夜跨过温饱线，三十年未进富裕门"。三是随着中国经济社会快速发展，城市建设需要大量劳动力。因此，在这种打工浪潮下，先是年轻人出去，后来四五十岁的人也跟着出去了，再后来，一些老人和孩子被接走。人往高处走，水往低处流。在大家看来，相对于祖祖辈辈世代务农为生的农村，那些满是高楼大厦、熙熙攘攘人群的城市则是他们长久以来向往的更好选择，代表了更好的生活，他们开始涌向城市，去城里"掘金"。

农村外出打工的人越来越多，出现了"打工潮"，出现了"农民工群体"，也带来了一系列农村社会问题，如留守老人、留守妇女、留守儿童等。这些都是处于转型期的中国特有的社会现象。

为了实现对美好生活的向往，那些青壮年劳动力"逃离"村庄变身"农民工"，农村"空壳化"，广大农村成为"386199"（妇女、儿童、老人）部队的留守地，留下的尽是老弱病残幼。他们能够撑起村庄的这片天吗？

农村"空壳化"不是简单的由于村庄人口减少而导致的空洞概念，而是一系列复杂农村社会问题的代名词。

农村人走空了，最明显的就是土地撂荒了。

随着农村青壮年劳动力涌入城市，农村耕地缺乏耕种的必要劳动力，新一代的农民工多数已经不懂得传统农业的生产方法，传统农业耕种模式只有老一辈农民在苦苦支撑。

此外，一些社会事业也无法开展。农田水利设施年久失修，道路坏了无人管，水井坏了无人理……

我记忆中的村庄，你为何变了模样？

## 二、贫困地区发展要靠内生动力

人民对美好生活的向往，就是我们的奋斗目标。2012年11月15日，习近平总书记在第十八届中央政治局常委与中外记者见面时强调，我们的责任，就是要团结带领全党全国各族人民，继续解放思想，坚持改革开放，不断解放和发展社会生产力，努力解决群众的生产生活困难，坚定不移走共同富裕的道路。

革命战争年代，老百姓为什么跟你走？因为中国共产党带领贫苦大众打土豪，分田地，是为解放穷人，为劳苦大众谋利益。中国共产党成立之初，就把象征着工农大众的镰刀和斧头绘入了自己的旗帜，表明了自己的政治立场。彭湃家境富裕，是锦衣玉食的富家少爷，但他当着一万多农民的面，将一箱子田契铺约烧毁，与传统剥削和压迫的制度决裂。"一切要为人民打算。"王若飞入狱后，对前来探望的舅父黄齐生说："我所做的事是正义的事业，是争取劳动大众得到解放，使被压迫者翻身做主人。他们逮捕我，就是因为我和人民站在一起。"

改革开放时期，老百姓为什么拥护你支持你？因为中国共产党是立党为公、执政为民的执政党，始终以全心全意为人民服务作为宗旨，以实现共同富裕为奋斗目标。几十年来带领村民自力更生、决战贫困，把一个"苦甲天下"的地方彻底改变了模样的海雀村老支书文朝荣；把人民作为最温暖的初心、最崇高的信仰，把个人理想融入老百姓的最大梦想之中，凿水渠、开山路，三十六年"拿命修渠"，在三百米高山悬崖上开出一条万米水渠，一辈子、一条渠，克服艰难困苦，创造了人间奇迹、被人们誉为挖掉贫穷大山的"当代愚公"——遵义市老村支书黄大发。他们都是新时期中国共产党员的杰出代表，用自己的行动默默践行着党的宗旨。

2012年12月29日，习近平总书记在河北省阜平县考察扶贫开发工作时指出，消除贫困、改善民生、实现共同富裕，是社会主义的本质要求。对困难群众，我们要格外关注、格外关爱、格外关心，千方百计帮助他们排忧解难，把群众的安危冷暖时刻放在心上，把党和政府的温暖送到千家万户。2014年12月，习近平总书记在江苏调研时强调，要让广大农民都过上幸福美满的好日子，一个都不能少，一户都不能落。

毛泽东出身中国农村，对几千年来封建社会人剥削人、人压迫人的现象深恶痛绝。中国传统文化中令人向往的"大同"情结，坚定的共产主义信仰，让他晚年仍然对"两极分化"时刻保持着高度的警惕，"共同富裕"成为他终生为之奋斗的目标。邓小平也反复强调，先富起来只是途径和手段，实现全体人民的共同富裕才是最终目标。

习近平总书记指出，贫困地区发展要靠内生动力。如果凭空救济出一个新村，简单改变村容村貌，内在活力不行，劳动力不能回流，没有经济上的持续来源，这个地方下一步发展还是有问题。一个地方必须有产业、有劳动力，内外结合才能发展。

内生动力是脱贫攻坚、建设村庄的基础。一家一户的分散力量是有限的，通过合作社方式将村民团结起来，将农村劳动力集合起来，才能形成建设村庄的强大凝聚力。土地分散经营不利于农民致富，通过合作社整合农村土地资源，盘活土地利用，才能实现土地的集约化经营。通过合作化、规模化、产业化、公司化等多种形式，将小规模分散生产与大市场有效对接，实现农业与市场的有效结合，才能提升农业和农产品竞争力，从而夯实农村发展和农民致富的基础。

总之，脱贫致富终究要靠贫困群众用自己的辛勤劳动来实现。没有比人更高的山，没有比脚更长的路。要重视发挥广大基层干部群众的首创精神，让他们的心热起来，行动起来，靠辛勤劳动改变贫困落后面貌。

### 三、穷则思变

全面小康是全体中国人民的小康，不能有一个人掉队。一个好社会，必须消灭贫穷，解决好全部人民共同富裕的问题，实现同步全面小康。

贵州是全国贫困人口最多、贫困面最大、贫困程度最深的省份，是脱贫攻坚任务最重的省份，是全国脱贫攻坚的主战场和决胜区。贫困，不是贵州永久的标签！无奈，更不是贵州人的本质常态！贵州是一片充满希望、前景广阔的热土，贵州正在不甘落后、顽强奋斗中实现崛起！

为了摆脱贫穷，为了更好地生活，有些人曾一度选择背井离乡，外出务工；为了过上好日子，一家人长年分开，把最好的青春时光留在了东部、中部及沿海地区。

在家千般好，出门一日难。奔着外出打工赚钱的念想，辛辛苦苦，四处奔波，可到头来，除去个人花销，年底能带回家的也没有多少。租房要花钱，吃饭要花钱，样样都离不开钱。农民本来是粮食、蔬菜的种植者，现在却成了它们的消费者。与此同时，作为打工者，始终有一种寄人篱下的感觉。为什么老板就能对我们颐指气使，呼来唤去？算来算去，赚到钱了吗？家里房子空着，父母翘首以盼，妻子独守空房……这不是农民向往的好日子！

青壮年都走了，农村落后的环境缺少人去改造。留在村里耕种的妇女、老人很辛苦，收获很少。光靠种粮，只能解决吃饭问题，穿衣、看病、孩子上学都要用钱，怎么办？

打工，不是解决问题的万能钥匙。单打独斗，只能解决部分人的温饱，也很难抵御市场风险。

据介绍，水灾之前，塘约村里人靠传统农业勉强度日。这么多年过去了，各级党委、政府的扶贫一刻也没有停过，一直在扶，也一直没能彻底断了穷根。近年来，随着中央对贵州省政策、项目、资金扶持力度不断加大，以及产业扶贫、公司扶贫等，全省的基础设施建设大为改观，如成为西部省区市中第一个实现县县通高速的省份等。但由于多方面原因，农村的贫困状况依然严峻，脱贫攻坚任务依然繁重。

塘约村辖10个自然村寨，11个村民组，921户，3392人。据统计，实行集体合作化之前，塘约村有1400个劳动力，但外出打工的就占去了近80%，而且还导致了大面积土地无人耕种，约30%的土地撂荒。

2014年，塘约村遭受的那场百年一遇的水灾，更是彻彻底底地把很多农户冲得一贫如洗。但是，废墟上的塘约村在短时间内就实现了脱贫。究竟靠什么？靠的是发挥全体村民的力量，而不是靠某个老板或某个企业救济。水灾之后，村民的内生动力被激活了，大家不再"等靠要"，而是自力更生，艰苦奋斗，抱团取暖。这种建设家乡的内生动力被激活以后，外出务工农民返乡了，塘约人开始共同建设塘约。因此，真正解决农村问题，第一位的就是如何激发农村和农民的内生动力，在此基础上，在村党支部带领下，找到一条能够带领全村百姓共同致富的路。让改革的成果充分惠及全体村民，才会产生村民自身持久的内生动力。塘约就是这样。

任何事物的发展变化都是内因和外因共同作用的结果，内因是事物发展变化的根本原因。充分发挥群众的主体作用，激发贫困人口脱贫攻坚的内生动力，是打赢这场脱贫攻坚战的关键所在。作为塘约村人，大家懂得了这个道理：塘约的建设，要靠塘约人自己。

## 四、塘约实践

2014年6月2日晚，一场百年不遇的特大暴雨降临安顺。这场大范围暴雨持续了一个晚上，造成包括平坝在内5个县区发生洪涝灾害，全市共11个乡镇受灾，受灾人口10540人，农作物受灾742

公顷，成灾371公顷，绝收72公顷，通村道路塌方、沟渠垮塌110米。因灾造成直接经济损失670万元，其中农业损失533万元，基础设施损失120万元，家庭财产损失17万元。

这场特大暴雨，把塘约村大部分房屋冲毁了，村民家中的粮食、衣物、家用电器等也都被大水冲走或受到不同程度的损坏。洪水，一夜之间把这个本来就不富裕的贫困村庄夷为一片废墟。时至今日，回忆起当时场景，塘约村的老百姓仍难以忘怀，心有余悸。

房子倒了，庄稼被淹了，道路毁了，一切都要重新开始。在一贫如洗的废墟上，这个陷于绝境的村子，能够在困难面前昂然挺立、逆势崛起吗？现在该怎么办？对于未来的生活，塘约村人茫然了，不知道该何去何从。

6月5日，安顺市委书记周建琨来到塘约村了解灾情，指导灾后重建工作。路坏了，车进不来，他们踩着泥泞的路深一脚浅一脚地走进村里。进村后，周建琨一行就和村民攀谈起来，询问受灾情况，问大家有哪些需要党委和政府解决的困难。

这个时候，大家才知道穿着水靴站在面前的原来是市委书记，周围的村民们一下子就传开了：市委书记来了！市委书记来看我们了！老百姓上来就把周建琨围住了，大家你一言我一语："周书记，帮帮我们吧！"

周建琨仔细询问受灾情况，当听说发了这么大的水，没有一个人员伤亡的情况后，周建琨对村支书左文学说："我看你这个班子很强""你们干部了不起"。

两年多时间过去了，对于当天的情形，也许记忆已经随着时间的推移渐渐变得模糊起来，但市委书记当时说的一句话，塘约老百姓永远不会忘记："不管怎么讲，你要记住，政府永远是帮，不是包。党支部也一样，要依靠人民群众。"这一天，在场的村民们都牢牢记住了"要靠自己的内生动力"这句话。

不过说实在的，灾后的塘约村民们对于如何实施灾后重建和生产自救，还是一头雾水，似乎大家还没有考虑过这个问题。毕竟，按照以往经验，遇到了这么大的灾情，党委和政府是不会坐视不管的，灾后重建更多的是党委和政府需要思考的事情，大家坐着等就行了。

"你们为什么不成立合作社？"周书记认为，一场大水让大家重新回到了同一起跑线上，但是，塘约的村支两委很有干劲，老百姓也非常朴实，完全可以发挥基层党组织的政治功能，把大家重新组织起来，抱团取暖，谋求共同发展。

大家何尝不想发展，不想过上富裕生活？实行家庭联产承包责任制以来，农村的活力被释放出来，农民也从土地上解放出来，你有多少本事都可以使出来。可除了外出打工，大家还没有找到更合适的出路，而通过打工富裕起来的也没有几人。常年在外打工，直接导致夫妻之间聚少离多，对老人、孩子也是无力照顾，而钱又没挣到多少，这些大家都感同身受。外出打工最大的好处就是让大家开了眼界，长了见识。塘约村支两委11位成员，绝大多数都有过外出打工的经历，也都是村民眼里的能人。

市委书记走后，当晚，村支两委开会，讨论灾后重建，商讨塘约的出路。当左文学把周建琨书记白天的讲话一五一十作了传达之后，大家一致认为，虽然困难很多，塘约已没有退路。现如今最重要的事情，是把村民重新组织起来，自力更生，艰苦奋斗，依靠集体的力量抱团发展。村主任彭远科曾经在浙江打工多年，他说："无情的洪水没能冲垮塘约，反而激起了大家的斗志。这是塘约村结束单打独斗、抱团发展的最好时机。在苦难的途中我们找到坚强。我打过工，但为了生存不能打一辈子，还是要靠地方发展。"

村民曹友明说："成立合作社、抱团发展不新鲜，也是塘约村一直以来想做却做不成的事，但难度相当大。首先就是道路交通的问题，第一个先解决机耕道和通村路。之前，我们动员群众来搞点公益事业，但来的都是些上了年纪的人，青壮年都不在家，你要叫他去挖点泥巴呀、抱点石头都相当困难。"

在会上，大家提出，塘约要灾后重建，第一步就是要成立合作社，把全村办成一个合作社，把分下去的责任田全部集中起来，由合作社统一经营，搞规模化、产业化经营。这是村支两委协商后达成的共识。

2014年6月8日，塘约村召开村民代表大会，集中讨论成立塘约村合作社事宜并进行投票表决。来了86名村民代表，最终全票通过，一致同意成立塘约村合作社。其中最积极、最拥护成立合作社的是村里那些贫困户。原因很简单，他们平日比别人更加感到孤独无助，把合作社当成了靠山和希望。

谷掰寨有个叫王学英的妇女，丈夫几年前因病去世后，除留下六万多元债务外，还留下四个子女，当时最大的不到十岁，最小的才一岁多，土地又少，家里日子过得非常紧巴。无奈之下，只得去附近建房子的工地做小工挣钱养家。一家人身上穿的都是亲戚、朋友、邻居送的旧衣服，几年下来，她和孩子们就没有添置过一件新衣服。大的穿不了了就拿给小的穿，直到不能再穿了为止。

王学英说，家里穷，缺衣少食都能够克服，但最让她感到头痛的，也是最害怕的，就是别人家办酒的时候。按照村子里的习俗，每逢遇到这种事情，大家都要去搭把手，帮着忙活忙活，捧个场，也证明这家人在村子里人缘好。可是，总不能空着手去，多少得送一份礼啊！可她没有钱送礼。不去不合适，想去又没钱，你说为难不为难？

现如今，村里成立合作社，她似乎看到了希望，第一个跑到寨里报名参加。当听说合作社接下来还要成立建筑工程队，而且妇女也可以参加，她又第一个报名参加。

后来，村支两委考虑到王学英家的实际情况，利用政府拨款给她家建了120平方米新房，由合作社的建筑队承建。建筑队里，她是拌灰沙的副工，同时还负责给建房的工人做饭。最后，当给她工资的时候，王学英坚决不要。她说的话很朴实、很真诚："这是给我自己盖房子，我做什么都是应该的，怎么还能拿工资呢！"

自打加入了建筑队后，随着队里修房建屋，建筑队的活计接连不断，王学英家也有了稳定的收入，日子也一天比一天好了起来。

决胜脱贫攻坚，同步全面小康，最关键的因素在贫困人口自身。如果不能激活这些人想脱贫致富的内在动力，始终处于"要他脱贫"状态，说明我们的工作还没有做到位，有待于进一步加强。中央组织部原部务委员赵杰兵就塘约的成功经验指出，要重新认识到在社会生产力各要素中，最重要最宝贵的是人，不是物。正如毛泽东说的："世间一切事物中，人是第一个可宝贵的。在共产党领导下，只要有了人，什么人间奇迹也可以造出来。"

塘约——这个典型的山区传统农业村，从2014年到2016年底，用了短短不到3年时间，村民人均纯收入从不到4000元提升到10030元，村集体经济从不足4万元增加到180万元，实现了从省级二类贫困村向"小康示范村"的华丽转身，为农村脱贫致富趟出了一条新路，也为广大的西部地区精准扶贫积累了宝贵经验。

今天的塘约，撂荒的土地因外出打工的绝大多数青壮年返回家乡而得以继续耕作，长久以来一直困扰大家的留守老人、留守儿童问题也因此得以解决，村庄因人气的不断聚集而恢复了往日的秩序和笑语欢歌。改革的力量再次迸发，让这个沉寂了许久的村庄重新焕发了勃勃生机和无尽的活力。

今天，来塘约参观的人，看到的是面貌一新的村庄，还有勤劳耕耘的村民，谁能想到这是2014年遭受百年不遇水灾而一贫如洗的村庄，谁能想到眼前见到的喜笑颜开的男女老少是曾因洪水洗劫而一贫如洗、迷茫无措的那群村民。

精准扶贫、精准脱贫是习近平总书记扶贫开发战略思想的一条主线，脱贫攻坚贵在精准、重在精准，成败之举在于精准，要把"精准"二字落实到扶持谁、谁来扶、怎么扶、如何退的全过程，贯穿到党政部门、基层组织、社会力量各方面。

省委书记陈敏尔在安顺市考察调研时强调，要与时俱进深化农村改革，切实建强基层组织，充分激活农村内生动力，带动更多贫困群众脱贫增收致富。

# 第二章 强化农村基层党组织政治引领功能

　　党对农村的坚强领导，是使贫困的乡村走向富裕道路的最重要的保证。如何在农村实现党的领导，这是农村党组织的历史使命。如果没有一个坚强的、过得硬的农村党支部，党的正确路线、方针政策就不能在农村得到具体的落实，就不能把农村党员团结在自己周围，从而就谈不上带领群众壮大农村经济，发展农业生产力，向贫困和落后宣战。

　　——1990年1月，习近平：《加强脱贫第一线的核心力量——建设好农村党组织》

关键词：基层组织　引擎　党员率先　干部带头

村党支部是农村发展的核心力量，是党在农村全部工作和战斗力的基础，也是贯彻落实党和国家路线、方针、政策、部署的战斗堡垒。摆脱贫困，同步全面小康，关键在党支部。加强农村基层党组织建设，从严整顿农村软弱涣散党组织，保持党的肌体健康，增强党组织的活力，是全面建成小康社会的必然要求。

## 一、农村基层党组织软弱涣散

村党支部是党的组织基础，是党在农村的战斗堡垒，也是党联系群众的桥梁和纽带。村党支部来自于群众、扎根于群众，是广大群众认识党、了解党的窗口，也是党的各级领导机关了解人民群众的愿望和诉求的主要渠道。村党支部直接面对老百姓，是党最基层的组织，但在党的整个组织体系中却占有极其重要的地位，是党的神经末梢和联系服务群众的最前沿。一方面，党支部要及时把党的路线、方针、政策原原本本传达给广大农民群众，并直接在广大农村落实落地。另一方面，党支部还担负着第一时间把群众的意见、建议向上级党组织反映的任务。从这个意义上讲，党支部状况如何，直接关系到党在人民心目中的形象和威信，关系着党能否赢得广大人民群众的信任与支持。因此，党支部是否坚强有力，能否履行党章规定的职责，对于提高党员素质，发挥党员先锋模范作用，保持党的先进性和纯洁性，完成党所担负的历史任务，都具有十分重要的意义。

但是，与其重要地位和作用不相匹配的是，农村基层党组织建设不同程度地存在一定问题。

年龄结构老化，文化水平偏低。这是当前农村基层党组织普遍存在的问题。由于近年来从农村出来的大中专毕业生大多选择留在城市就业或到发达地区务工，初高中毕业生通过职业技术培训也选择外出打工或自主择业，留在农村的年轻人为数不多，导致农村基层党组织成员的构成多是中老年，而这部分人恰恰文化层次偏低。

发展党员遭遇瓶颈，年龄结构不合理。由于大批青壮年都外出打工，农村"空壳化"，给发展党员带来了一定困难。有的村党支部长期以来未发展新党员，党员老龄化现象严重，支部开会的时候感觉最明显，尽是一些老人，党员的老、中、青结构明显失衡，女性党员更是少之又少，呈现出明显的结构性问题。

村支两委岗位吸引力不强。在一些地区，由于工作辛苦费时，报酬又比较低，每个月就那么1000多块钱，因此支部书记是一个不被看好的职业。这就导致一个问题：有能力的人，组织想让他干，但他自己不愿意干；没能力的人，他想干，但组织又不能让他干。再加上年富力强的人都出去务工，也为村支两委选任合适干部带来了麻烦。我们在调研时，就经常听人介绍，某某老支书，不仅年纪大，而且干的时间长（有的一干就是十几年）。有的情况下，不是因为这个人很有能力，而是确实找不到更合适的人选。

农村基层党组织基础薄弱一直是党的基层组织建设工作的"短板"，也是基层组织建设中的重点和难点。还有诸如村支两委班子涣散不团结、党组织缺乏吸引力和凝聚力、班子工作方法不得法不得力、村级经济薄弱、干群党群关系紧张、党员示范带头作用差、工作思路缺乏创新，等等。

农村基层党组织软弱涣散的实际状况，在很大程度上影响了党在农村的战斗力，影响了党和国家路线、方针、政策、部署的贯彻落实，影响了党和政府在广大农民心目中的形象。

## 二、"决胜脱贫攻坚、同步全面小康"的关键

村庄建设得好不好，关键取决于这里有没有一个好的党支部，有没有一支优秀的党员干部队伍。习近平总书记多次讲话中引用郑板桥的"衙斋卧听萧萧竹，疑是民间疾苦声。些小吾曹州县吏，一枝一叶总关情"诗句，并强调，我们中国共产党人对人民群众的疾苦更要有这样的情怀，要有仁爱之心、关爱之心，更多关注困难群众，不断提高全体人民生活水平。党支部和村委会的干部，生活在乡亲们中间，整天同乡亲们打交道，党和政府的好政策能不能落到实处，你们的工作很关键。要把党和政府的扶贫开发政策、支持农业农村发展的政策、支持农民增收的政策原原本本传递给乡亲们，让乡亲们了解党和政府的政策，真正享受到政策的好处，一起来落实好政策。你们的工作做好了、做扎实了，我们在中央的工作就有了坚实基础，我们也就放心了。村党支部带领村民脱贫奔小康，只要有规划，有措施，真抓实干，群众拥护，就一定能把工作做好。

给钱给物，不如给个好支部。习近平总书记一再强调，党组织的核心地位，是党组织发挥核心作用的前提，我们要在指导思想上、组织保证上使党组织在农村的社会主义建设中，真正能站到"前台"，真正能居于"第一线"，而不是名不副

实。在村一级，有党支部、村委会、团支部、妇代会、民兵组织、村合作经济组织等各种组织，承担着政治、经济、社会管理等多方面的工作，其中党支部是领导核心，这一格局只能坚持和完善，不能动摇或削弱。农村改革决不能以削弱党组织的作用为代价。

政治路线确定之后，干部就是决定的因素。目标任务已经确定，关键是要有人来落实。领导干部是党执政的具体组织者、管理者，领导干部执政本领的高低，直接关系到党和人民事业的进退兴衰。从某种意义上说，贵州能不能搞上去，取决于干部素质和能力，尤其是领导班子成员的能力，特别是"一把手"的能力。要着眼于抓基层、打基础、带队伍，培养造就一支高素质的农村党支部书记队伍。

一个国家、一个民族、一个社会，都需要中流砥柱。四梁八柱稳定了，这个大厦才能在风雨中岿然不动，才不会倒塌。在党的基层组织体系里，党员、干部就是那几根柱子。就像习近平总书记所说，搞商品生产，办集体企业，带头脱贫致富，都要求党员要有本事。"是骡子是马，拉出来遛遛"，容不得半点走江湖。

在村庄事务管理、带领百姓脱贫致富方面，党支部始终发挥着不可替代的作用。国家的政策再好，还得要各级党员干部落实好。目前，农村仍处于可以大有作为的重要战略机遇期，处于摆脱贫困的攻坚期、改革开放的窗口期、同步小康的关键期，只要立足有利条件和优势，用好国家扶贫开发资金，吸引社会资金参与扶贫开发，充分调动广大干部群众的积极性，树立脱贫致富、加快发展的坚定信心，发扬自力更生、艰苦奋斗精神，坚持苦干实干，就一定能改变落后面貌。

因此，习近平总书记强调，我们共产党人只有顺应群众的共同意愿，才能代表群众的利益，才谈得上去组织群众、引导群众，才能充分发挥党组织的领导核心作用。实践证明，农村改革越深化，党组织的核心地位越要强化；脱贫攻坚越深入，农村第一线党组织的力量越要增强。

充分发挥村党支部的战斗堡垒作用，就是要发扬全心全意为人民服务的宗旨，敢于担当，勇于奉献，把党的好政策落实到每家每户；就是要加强自身建设，建设服务型党支部，寓管理于服务之中，增强村党组织联系群众、服务群众、凝聚群众、造福群众的功能，发展经济、改善民生，成为带领乡亲们脱贫致富奔小康的主心骨、领路人，把基层党组织建设成为维护农村稳定的坚强领导核心，像吸铁石一样把乡亲们紧紧凝聚在一起，坚定跟党走的决心和信心。

### 三、基层党建也是生产力

抓党建就是抓关键，抓关键就是抓发展。党建与发展不是并列关系、不是平行关系，更不是对立关系，而是因果关系。从这个意义上说，抓党建就是抓发展，党建也是生产力。具体体现在科学决策、组织引领、模范带头、协调凝聚、监督保障等五方面。

科学决策。事关村庄发展方向、发展道路以及村计民生的大事，都要集体讨论，科学决策。塘约发展起来之后，更需要保持清醒的头脑，做决策不能是个人简单拍脑袋，而是要加强集体决策。比如，村支书左文学曾自我检讨，北京尖椒是北方品种，引到南方后，试种阶段一下子就种了160亩，结果其他品种亩产5000斤到6000斤，这个品种的亩产还不到4000斤。由于个人拍板，缺乏科学的集体论证，导致决策失误，给村集体造成了损失。

组织引领。人口不是负担，而是最好的资源。成立合作社后，两年间，村里在外打工的人90%以上都回来了。曾经，面对"空壳村"，村支两委都感到无可奈何；现在，村民们回来了，需要党支部和村委会带领村民共同重建生产和生活。塘约的成功在于，利用村支平台，把村民重新组织起来，并且依靠大家的不断努力，不断把外出打工的人也吸引回来，让这些在无奈之下只能出去打工养家的贫困人口成为了村庄脱贫致富的最好资源。

模范带头。无论是水灾后的村庄重建，还是推动合作社的成立，村干部尤其是党员、干部都起到了模范带头作用，为广大村民做出了榜样。如此一来，再去做贫困户的工作，事情就容易起来，从而极大地促进了塘约灾后重建工作的有序顺利开展，合作社相关工作也快速协调推进。

协调凝聚。村民富不富，关键看支部；支部强不强，要看领头羊。每个党员的先锋模范作用发挥好了，党组织的战斗力自然也就增强了，组织的力量是通过每个成员作用的发挥来体现的。塘约之所以成功，关键在于选优配强了班子，关键时刻书记带头、党员先上，形成了一个积极进取、敢于担当、具有较强战斗力的党支部，赢得了全体村民一致的信任、拥护和支持。这是塘约人的"主心骨"。唯有如此，才能协调各方力量，化解各种矛盾。

监督保障。由村党支部牵头，动员广大村民积极参与，先后制定了多项村规民约，并带头落实，监督实施。

塘约全村党员、干部带头加强学习，以上率下，坚持"两学一做"学习教育常态化制度化，不等不靠，自己动手。全村

60余名正式党员、预备党员、入党积极分子始终坚持以身作则，凡事从自身做起，始终走在改革创新、脱贫攻坚奔小康的最前线，充分发挥了党支部的战斗堡垒和党员的先锋模范作用。塘约，因为抓住了党建这个"关键"，实现了生产力的提高，也真正体现了"基层党建也是生产力"这个道理。

### 四、塘约实践

村看村，户看户，群众看干部。成立合作社，把土地确权流转入股到合作社，是塘约改革实践迈出的第一步。在这个过程中，党员、干部都起到了至关重要的带头作用。

前任村党支部书记就是典型代表。比如，有村民反映：他私占村集体的荒坡土地进行耕种，还私占集体荒坡地建造了房子。核查下来，这位前任村党支部书记私占集体荒坡土地耕种事实成立，共有两块地，加一起有1.2亩。他非常支持村支两委的工作，顾全大局，主动把这两块集体坡地归还了村集体。对于在集体坡地建房问题，经村支两委集体讨论决定：辛辛苦苦建个房子也不容易，干脆就把建房的这块土地按照宅基地折价卖给了这位前任村党支部书记，并予以确权登记颁证。

如此一来，通过党员、干部的带头，解决了广大村民关注的问题，其他一般村民的问题也都比较顺利地得到了解决。

自从成立合作社后，大家越来越感到最重要的工作是党支部建设，重中之重是党员的思想政治建设。

2015年4月，经乐平镇党委批准，塘约村党支部升格为党总支，下设了四个党支部、九个党小组。村里总共有村委会、合作社、老年协会、妇女创业联合会、产权改革办、红白酒席理事会六大机构，这六大机构在村党总支的领导下，党总支委员兼任各机构的负责人。

2017年3月，中共中央办公厅印发了《关于推进"两学一做"学习教育常态化制度化的意见》，其中明确要求：基层党组织要以"三会一课"为基本制度，以党支部为基本单位，把"两学一做"作为党员教育的基本内容，长期坚持、形成常态。

在塘约村，"三会一课"制度形成了常态。党员大会最少每月一次，党小组会最少半月一次，党总支会每周一次，党课融在其中。但是每次会议都开得很短，奔着问题去。

党章是党的根本大法，是党的总规矩。学习是进步的阶梯。在塘约，还有一个独特现象：每次党员大会，大家都会自觉带上《中国共产党章程》，自觉学习《中国共产党章程》。

国学大师范曾提倡，"为己之学，而非为人之学"。"为己之学"是为了提高自身修养，"为人之学"是做给别人看的，用以谋求名利，窃取身外之物。学习获得思想，改变自己的思想，改变行动、改变习惯、改变性格，最终让自己的命运发生改变。

美国心理学巨匠威廉·詹姆斯有一段对习惯的经典注释：

种下一个行动，收获一种行为；

种下一种行为，收获一种习惯；

种下一种习惯，收获一种性格；

种下一种性格，收获一种命运。

习近平总书记指出："一个班子强不强、有没有战斗力，同有没有严格的党内生活密切相关。一个领导干部强不强、威信高不高，也同是否经受过严格的党内生活锻炼密切相关。"今天，坚持学习《中国共产党章程》，坚持集体学习，在塘约已经成为一种常态，一种仪式。通过学习，一方面，强化了党的意识，让广大党员牢记全心全意为人民服务的宗旨，自觉践行党的群众路线。比如，村党总支自行编印了《塘约村"两学一做"系列讲话学习材料》，每个党员人手一册。另一方面，紧密联系工作实际，结合实际需求，围绕中央和省委重要工作部署和要求，结合塘约实际，及时组织集体学习，达到"思想上解惑、能力上解弱"，依靠学习引领塘约走向未来。

在塘约村，你对村支两委或某个党员干部有什么意见，可以向上级党委反映，但同时，村支两委作出的决策你必须执行，不能打折扣。农村的工作无大事，农村的工作更无小事。如果这些小事处理不好，往往就会变成大事。如果党员、干部不知道这些，小事处理不好，发展为大事，忘了初心，就不会有塘约的明天。态度决定一切，细节决定成败。

在《塘约道路》一书中，作者提出，从中国共产党诞生到中华人民共和国成立，有两个支部发挥了巨大作用，一是"党支部建在连上"，保证了党领导的人民军队有无坚不摧的战斗力；二是"党支部建在村里"，保证了党最有效地凝聚起中国最广大的人民群众。村党支部从来都是农村改革发展的中流砥柱，只有切实发挥农村基层党组织的政治引领功能，组织和服务好广大村民，中国的农村和农民才充满希望。

基层党组织工作做得好不好，关键看群众致富没有、环境改善没有、矛盾化解没有、社会稳定没有，归根到底要看群众满意不满意、高兴不高兴。习近平总书记强调，党中央制定的政策好不好，要看乡亲们是哭还是笑。要是笑，就说明政策好。要是有人哭，我们就要注意，需要改正的就要改正，需要完善的就要完善。作为党联系群众的桥梁和纽带，只有紧紧围绕农民增收这个关键，不断加强农村基层党组织自身建设，主动思发展、谋发展，当好群众致富的"领头雁"，大力发展村级集体经济，不断增强村集体调控能力，发挥好基层党组织凝聚人心、推动发展、促进和谐的战斗堡垒作用，才能不断凝聚民心，不断夯实党执政的群众基础。

基层党组织特别是乡村两级党组织是脱贫攻坚的中坚力量。切实发挥党支部的政治功能，加强党支部在农村中的领导作用，是当前农村改革中关系全局的大事，涉及亿万农民的利益。要建好班子，选好路子，用好政策，搞好机制，真正发挥好战斗堡垒作用。

省委书记陈敏尔在塘约村考察调研时说："塘约村只用二到三年时间，就从贫困村变成小康村，关键在于抓住了农村改革这个牛鼻子，根本在于有一个好的基层党组织。"实践证明，只要选对路子、建好班子，农村可以在短时间内发生大变化。选好一个路子，建好一个班子，带好一支队伍，用好一套政策，农村面貌就会大改变。

# 第三章

# 重构农村土地集体所有制

　　解决农业农村发展面临的各种矛盾和问题，根本靠深化改革。新形势下深化农村改革，主线仍然是处理好农民和土地的关系。最大的政策，就是必须坚持和完善农村基本经营制度，坚持农村土地集体所有，坚持家庭经营基础性地位，坚持稳定土地承包关系。要抓紧落实土地承包经营权登记制度，真正让农民吃上"定心丸"。……不管怎么改，都不能把农村土地集体所有制改垮了，不能把耕地改少了，不能把粮食生产能力改弱了，不能把农民利益损害了。

　　——2016年4月25日，习近平总书记在安徽凤阳县小岗村农村改革座谈会上的讲话

**关键词：土地入股　平台　七权同确　"三变"改革**

农村土地集体所有制是中国共产党领导革命取得的最伟大的制度性成果之一，是党在农村的经济基础。深化农村改革，就是在党的领导下，坚持农村土地集体所有，进一步完善实现形式，将分散的土地重新集中起来，重建农村土地集体所有制。

## 一、农村土地政策的困境

漫长的封建社会，农村经济发展缓慢，几乎停滞。长期独门独户的劳作方式，一盘散沙式的小农经济，是导致几千年来中国农业社会发展缓慢的重要原因。农村还是那个农村，农民还是那些农民。

农村土地集体所有制，是中国共产党领导革命取得的最伟大的制度性成果之一。我国《宪法》规定："农村和城市郊区的土地，除由法律规定属于国家所有的以外，属于集体所有；宅基地和自留地、自留山，也属于集体所有。"巩固农村集体所有制和加强党支部在农村的领导作用，是当前农村改革中关系全局的两件大事，涉及亿万农民的利益。

1950年颁布的《土地改革法》明确指出废除地主阶级封建

剥削的土地所有制，实行农民的土地所有制，借以解放农村生产力，发展农业生产，为中华人民共和国的工业化开辟道路。在党的领导下，到1953年春，除部分少数民族地区外，我国大陆普遍实行了土地改革。土地改革彻底摧毁了封建剥削制度，封建土地所有制被彻底废除，使全国3亿多农民无偿分得了约7亿亩土地和大批生产资料，免除了土地改革前农民每年给地主缴纳的高达3000万吨以上粮食的负担，中国农民终于实现了"耕者有其田"的夙愿。

土地集体所有制是中国有史以来最好的土地制度。叶圣陶的短篇小说《多收了三五斗》，描写了20世纪30年代江南一群农民忍痛亏本粜米，丰年却不丰收，反而遭到比往年更悲惨的厄运，这是对封建土地私人所有制的血泪控诉。土地集体所有制的存在，让农村避免了更严重的两极分化，各种矛盾有了内部化解的产权制度基础和组织基础，保障了农村的有序和有效治理。

对于家庭联产承包责任制，应该客观、历史地进行评价。

以家庭承包为基础、统分结合的双层经营体制，是"两权分离"，解决了当时农民生产积极性问题，适合改革开放初期急于摆脱吃饭问题的农民客观需求。正是有了稳定的土地使用权和经营自主权，农民才得以从土地上解放出来，进城务工，促进了我国经济的发展和城镇化。这是家庭联产承包责任制不容抹煞的历史功绩。

实行家庭联产承包责任制之后，土地所有权是集体的，农民只是得到承包地的经营权，这种从承包政策中得到的经营权并不稳定。承包地常常被代表着集体的权力出卖了，名义多是政府征用、发展需要用地，然后转卖到了房地产开发商手里。农民拿到一笔钱后，那块本来属于他经营的土地就不复存在了，也相对永远失掉了那份本来属于他的土地承包权。

一组农业部的统计数据显示，截至2016年6月，全国2.3亿农户中参与流转土地的农户超过了7000万，比例超过30%。东部沿海发达省区参与流转土地的农民这一比例更高，占到当地农户的一半以上。土地承包权主体同经营权主体分离现象越来越普遍，农业生产者的构成发生了深刻的变化，2.3亿农户还是土地承包者，但是已经将很大一部分承包的土地流转出去，不再从事农业生产。全国已经有270多万个家庭农场、农民合作社、农业企业，它们不一定拥有土地承包权，但是由于流转入较大规模的土地搞农业，它们拥有土地经营权，是真正的农业生产经营者。

现行农村土地制度中，集体是农村土地所有权的法人代表，并行使土地经营和流转中的所有者权益，而作为真正的产权主体的农民却无法行使所有者权益，这也导致集体与农民之间关系的颠倒，极大降低了土地资源市场配置效率。

此外，伴随着土地所有权和经营权的分离，每家每户将目光集中到了自家的一亩三分地，一心想着自己如何发家致富，不再那么关心集体，土地撂荒，农田水利设施建设维修等集体事务无人问津、年久失修，单个农民也无力修复，直接导致农村部分公益事业和设施的损失。伴随着农村的建设发展，家庭联产承包责任制的弊端越来越凸显。

## 二、农村改革必须坚守的底线

中国是农业大国，"三农"问题，始终是事关我国经济社会发展的全局性、根本性问题。

农村土地集体所有是中国共产党带领人民群众不懈努力奋斗的结果。农村土地属于农民集体所有，这也是《宪法》明确规定的，是农村最大最根本的制度，必须长期坚持、毫不动摇。土地归农民集体所有，据粗略统计，从比例来说，大概40%左右的集体土地是村级所有，60%左右是村民小组所有。坚持农村土地的集体所有，有利于保证广大农民群众平等享有基本生产资料，是实现共同富裕的一个重要基础。

2016年4月25日，习近平总书记在安徽凤阳县小岗村农村改革座谈会上强调，不管怎么改，都不能把农村土地集体所有制改垮了，不能把耕地改少了，不能把粮食生产能力改弱了，不能把农民的利益损害了。一个是坚守土地集体所有制不改变，一个是耕地红线不突破，一个是农民利益不受损，这是农村新一轮改革必须坚持的"三条底线"。

农村，是中国共产党出发的地方；农村，孕育和见证了当代中国的成长。可是，回望来时路，在我们广大的中国农村，还有数以千万计贫困人口生活在贫困线以下。

到2020年如期全面建成小康社会，是以习近平同志为核心的党中央作出的庄严承诺。脱贫攻坚，关系着全面建成小康社会的大局，关系着"两个一百年"目标的落地。当前，贫困落后仍是制约农村发展的主要矛盾、加快发展是根本任务的基本情况没有变，落后的农村既要"赶"又要"转"的双重任务没有变。坚决打赢这场脱贫攻坚战是当前西部农村的首要目标，是头等大事和一号民生工程。

2015年6月18日，习近平总书记在贵州考察时提出，加大力度推进扶贫开发工作要做到四个切实：切实落实领导责任，切实做到精准扶贫，切实强化社会合力，切实加强基层组织，为新形势下打赢这场输不起的脱贫攻坚战提出了明确要求。

精准是党中央领导脱贫攻坚的大方略，是各级组织实施脱贫攻坚的方法论，是事关脱贫攻坚成败的生命线。

习近平总书记强调，要实行最严格的耕地保护制度，依法依规做好耕地占补平衡，规范有序推进农村土地流转，像保护大熊猫一样保护耕地。在土地流转实践中，必须要求各地区原原本本贯彻落实党中央确定的方针政策，既要加大政策扶持力度、鼓励创新农业经营体制机制，又要因地制宜、循序渐进，不搞"大跃进"，不搞强迫命令，不搞行政瞎指挥。特别要防止一些工商资本到农村介入土地流转后搞非农建设、影响耕地保护和粮食生产等问题。农业合作社是发展方向，有助于农业现代化路子走得稳、步子迈得开。

为此，2016年12月26日，中共中央办公厅、国务院办公厅印发了《关于完善农村土地所有权、承包权、经营权分置办法的意见》，提出三权分置是继家庭联产承包责任制之后农村改革又一重大制度创新，为农业农民增收提供了制度保障，为解决"三农"问题提供了重要的理论支持和实践指导。农村改革的核心是农民和土地的关系问题。深化农村土地制度改革的基本方向是：落实集体所有权，稳定农户承包权，放活土地经营权。

### 三、土地流转的关键

农村土地集体所有制经历了多种实现形式。互助合作、人民公社体制下的集体所有、统一经营等都是土地集体所有制的具体实现形式。

安徽小岗村曾经是中国农村改革的旗帜，"家庭联产承包责任制"取代"大锅饭"，成为中国农村的基本制度，解决了亿万人民的温饱问题。近年来，小岗村开始进行以承包制为基础的土地流转制度改革，开展多种形式的土地集中经营。

塘约的土地集体所有制实现形式，走的是一条自己的路，首先是对土地确权，其次是对土地进行流转，再次是"三权"促成"三变"。

"确权"是"流转"的前提，流转给大老板还是入股到合作社，这才是"土地流转的关键"。农民一旦把承包地确权后的经营权流转给诸如大老板之类的人，自身就丧失了对承包地的经营权，所赚取的主要是每年微不足道的土地流转费用，根本不足以养家糊口。即便可以在这些被流转过去的土地上打工，每天的收入也只有60元到80元不等。塘约经验最主要是在党支部领导下让农民自愿把土地确权后流转入股到合作社，农民还是这块土地的主人。更确切地说，塘约村引导农民把土地流转入股到合作社，这有别于一般意义上的土地流转。从大的方面来说，塘约走出的这条集体化经营道路的意义有别于小岗村和华西村，是把农民的零散土地再一次集中起来。

"三权"促成"三变"，资源变成资产、资金变成股金、农民变成股东，推动了农村生产方式由分散式向集中规模化生产方式转变，真正让农民重回土地、立足土地、依靠土地发展，从而激活农村沉睡的资源，让土地更加集中、生产更加集约、效益更加凸显。

如何进一步建立完善农村产权流转交易管理办法，健全土地储备、产权评估、"利益+共享"、风险保障、金融支撑等配套措施，赋予"七权"流转、抵押、担保、入股等多种权能，逐步形成以市场化为导向的农村产权交易平台，推进农村产权有序交易，促进资源变资产、资金变股金、农民变股东，实现农村资源活起来、农民腰包鼓起来、农村产业强起来、美丽乡村建起来的"四起来"发展目标。这是塘约在实践中不断思索的问题。

## 四、塘约实践

2016来，安顺从农村实际出发，积极探索"三权"促"三变"，通过对农村各类产权进行确权、赋权、易权，促进资源变资产、资金变股金、农民变股东。

确权，就是对农村土地承包经营权、集体建设用地和农民宅基地使用权、林权、"四荒"使用权、农村集体经营性资产、农业生产设施设备、农村小型水利工程产权等农村各类产权权属进行明晰，颁发权证，让农民吃下"定心丸"。

赋权，就是赋予农民对集体资产股份占有、收益、有偿退出及抵押、担保、继承等权利，同时对确权后的各类产权进行评估，确定其价值，赋予权利证书持有人在产权期限内按照规定用途依法使用、经营、流转、作价入股或抵押担保权能，并出台相关配套措施给予保障。

易权，就是建立和完善各类农村产权交易平台，除法律规定不能改变的权属外，让农村各类产权进入市场进行交易，使其在流动中增值，从而激活农村沉睡资源。

塘约是安顺市平坝区"三权"促"三变"的试点村。2014年，以塘约村为试点，围绕"'三权'+党建+扶贫+产业+金融"的发展思路，抓牢"确权"基础，抓好"赋权"关键，抓实"易权"核心，同步推进农村产权"七权"确权登记颁证，探索实施"村社一体、合股联营"的发展模式。

2014年，塘约通过村级土地流转中心，以确权、赋权、易权为抓手，建立了农村产权确权信息管理平台，对农村土地经营承包权、林权、集体土地所有权、集体建设用地使用权、房屋所有权、小型水利工程产权、农地集体财产权等一并进行确权登记，从而明晰了集体与个人各类产权的关系，实现了所有权、经营权、承包权的分离，初步形成了农村土地"所有权""承包权""经营权"的三权分置。土地确权给农民吃下了定心丸，为农村产权交易打下基础，为农业生产集约化、标准化、规模化发展创造了条件，促进了城乡生产要素自由合理流动和农村资源优化配置，推动了土地适度规模经营。

在土地确权中，对撂荒的土地，丈量后依然确权给承包人，自家继续撂荒、耕种，或者流转入股到合作社，由承包人自己选择。最终，之前撂荒的那30%土地，确权后全部入股到了村合作社。如此一来，塘约的土地确权，既巩固了集体所有制，保障了每一户村民的承包地经营权，也维护了全体村民的利益。

在土地确权之前，塘约全村的耕地面积是1572.5亩，几十年过去了，这个数目就一直没有变过。但是这次不同了。

经使用科学仪器认真测量，全村耕地面积最终确认为4862亩。对照一下塘约村的土地确权流转，村民自己都没有想到，每一户人的承包地比从前多出了一倍以上。如此一来，确权登记后再流转入股到合作社，得到的资产性收入自然也就增加了一倍以上。

之前，由于大量青壮年外出打工，塘约全村30%的土地撂荒，荒在那里什么收入也没有，入股了就有收入，在外打工的也回来把土地入股了。因此，虽然一开始部分村民还有顾虑，可是越往后大家希望入股到合作社的积极性越高。

农村资源一下被唤醒了，农民摇身一变成了股东，村里的日子开始变得越来越红火。

如今的塘约人也用起了大数据。据村主任彭远科介绍，通过利用GPS等现代化工具和手段，塘约村组织开发了土地权属业务管理系统，这个系统收录了全村"七权"的全部数据。有了大数据的支持，可以不出家门，就能够完成土地流转规划、制定产业规划、产业发展布局等工作。此外，还可以细化到每一种农作物的种植种类和规模，细化到每一块土地的酸碱度、肥沃度以及最适合的种植内容等利用方式。有了大数据的支持，让信息更全面、决策更精准。

土地确权工作繁重，为了让信息更精确科学，有说服力，塘约还招标外请了专业公司来做测量，用卫星测绘，上级有关部门配合做林权勘界等，再由平坝区人民政府确认后颁证，最终解决了农村各类产权关系归属不明、面积不准、四至不清、登记不全、交易不畅等繁琐问题。

"七权"同确，厘清了农村"糊涂的资产"，为产权交易奠定了基础，农民通过"金土地"合作社平台，将土地承包经营权、宅基地使用权、林权等产权进行抵押担保，最短半个小时、最长3天，可获得20万到50万元不等的贷款资金，实现了"七权入市"，让"死资产"变为"活资源"。

农村产权权属明确了，如何进一步激发和盘活各类资产，使资源资产化、资产资本化、资本股份化、股份市场化，则是最重要的命题。

为此，塘约以党组织为引领，建立了土地流转中心、股份合作中心、金融服务中心、营销信息中心、综合培训中心和权益保障中心等六个机构，以此推进农村综合改革。

土地流转中心共流转土地约4000亩，把"死资源"变成了"活资产"。

股份合作中心，鼓励村民以土地和资金与村集体合股联营，按照合作社30%、村集体30%、村民40%的收益分配模式分成，促进村集体与村民的"联产联业""联股联心"。

金融服务中心，建立了村级金融担保基金，突破了资金发展瓶颈，方便运用确权后的土地、山林等生产资料，向银行融资贷款，使农村资源变资金，用来发展集体经济。金融进村，塘约是贵州第一家。

营销信息中心，通过组建营销团队，以"互联网+农产品""合作社+物流"等营销模式开拓农产品销售市场。

综合培训中心，邀请专家学者为村民集中培训，着力培育一批有知识、懂政策、善经营、会管理、能致富的新型职业农民。

权益保障中心，通过村民选举产生合作社监督委员会，一方面对土地用途和流转规模进行监督，防止土地无序经营、违法使用，另一方面强化合作社集体资金收益和分红的落实，保障村民合法权益。

农民从原来的小生产经营者转变为企业的股东，从原来的仅获得土地租金、务工收入，转变到土地租金、务工收入、股份分红等多重收入，实现了经营性收入和财产性收入上的重大突破。

通过"三权"促"三变"，资源变资产、资金变股金、农民变股民，巩固了农村资源集体所有权，维护了农民土地承包权，搞活了土地经营权。"三农"的活力再次释放出来。

　　一场大水，坏事变好事，助推塘约找到了自身发展的道路。按照"村社一体、合股联营"的发展思路，建立土地流转中心，以党总支为领导的村级合作社，全村4864亩土地全部入股合作社，搞规模化、产业化经营，单干了三十多年的老百姓主动团结起来，巩固了农村土地集体所有制。

　　省委书记陈敏尔强调，"三变"改革激活了城乡存量资产、自然资源、人力资本，促进了农业生产增效、农民生活增收、农村生态增值，对于农村生产经营体制有重要突破意义，对于脱贫攻坚有重要推动意义，对于解放农村生产力有重要引领意义，对于全域发展有重要带动意义，对于巩固党的执政基础有重要支撑意义。

# 第四章

# 调整农村产业结构

一定要看到，农业还是"四化同步"的短腿，农村还是全面建成小康社会的短板。中国要强，农业必须强；中国要美，农村必须美；中国要富，农民必须富。

——2013年12月，习近平总书记在中央农村工作会议上的讲话

**关键词：产业结构　手段　规模生产　集体效应**

"三农"问题是全面建成小康社会的"短板"。中国是传统的农业大国，解决好"三农"问题是全党工作的重中之重。调整农村产业结构，必须坚持融合发展，巩固农业基础地位，不断探索农村土地集体所有制的有效实现形式，充分保护和调动农民生产经营积极性，不断提高农民的生活水平。

## 一、农村单一产业结构的局限

合理的产业结构是一个动态的、渐进的过程。20世纪90年代初期，我国农村逐步走出了一条农工商一体化经营的路子，对农村产业结构的调整起到了巨大的推动作用。但是，长期以来农业和农村经济结构单一，农村第二、三产业不发达的状况仍然没有得到根本改变，农村第一产业中种植业比重大的格局仍未改变。

农村单一的产业结构桎梏了农村发展的步伐，压制了农村社会发展的活力，并由此带来了一系列农村社会问题。改革开放以后，家庭联产承包责任制尽管极大地调动了广大农民的生产积极性，在一定时期内，促进了农村生产力的发展，极大地改善了农民的生活，但农业始终是弱质产业，农民仍是弱势群体。随着市场经济的发展，农业和农民的弱势地位在市场面前表现得日益明显，一家一户的分散经营很难抵御市场风险。

产业结构决定产业未来。近年来，农村发展滞后的矛盾更加凸显，只有加快农村产业结构调整，积极发展第二、三产业，加快农村富余劳动力向非农产业转移，促进农业适度规模经营和集约经营，加快农业现代化和农村城镇化进程，才能缓解城乡二元结构矛盾突出的局面，促进经济快速发展、社会和谐进步。

### 二、多种经营与劳动力的释放

改革开放以后，以家庭联产承包经营为主的农村经济体制改革使农民迅速回归到家庭组织，广大农民既成了经济上的"自由人"，也成了社会管理上的"自由人"，相对集中的生产活动、社会活动减少了。在一定程度上，可以说是既"解放"了农民，也"解散"了农民。

改革以后，更需要一种凝聚力，把农民吸引到一起，发展商品生产。千百万农民的团结奋斗、共同努力是脱贫致富的根本条件。习近平总书记强调，讲凝聚力，必须讲核心，农村脱贫致富的核心就是农村党组织。我们的农村党组织能否发挥这样的核心作用，直接关系到脱贫致富事业的凝聚力的强弱。

通过调整农村产业结构，让农民重新组织起来，在抱团中发展，最终实现共同致富。以往的"公司+农户"方式虽然对农业产业化有一定的带动作用，但是农民并没有享受到农业产业化发展所带来的实惠，农村的贫富差距越来越大，矛盾也越来越尖锐。市场经济发展起来后，农民一家一户分散经营的劣势就凸显了出来，他们不了解市场，不掌握信息，不懂得技术，规模小，占有市场份额有限，缺乏市场话语权，好东西卖不出好价钱，发家致富更无从谈起。只有农民的合作化，才能形成规模化效应，才能实现农业的产业化发展。

从中央到地方，各地各部门都已吹响扶贫攻坚的冲锋号，从资金上、人力上、政策上充分保障，为扶贫攻坚首战告捷营造了良好氛围。在中央深入推进脱贫攻坚的政策性机遇之下，各级扶贫项目、资金大量涌入农村。对于贫困村寨来说，项目和资金已经不是问题，关键在于如何科学合理地使用好这些资金，发展适合本地实际的特色优势产业，提升项目和资金利用效率，更好地让党和政府的政策惠及农村贫困人口。

有着7年农村生活经历的习近平，对于如何优化农业产业结构有着深刻的认识并绸缪深远：坚持农村土地农民集体所有，这是坚持农村基本经营制度的"魂"，但是，要不断探索农村土地集体所有制的有效实现形式，发展壮大集体经济，落实集体所有权。怎么办？就要因地制宜，科学合理调整农村产业结构。要加快推进农业现代化，夯实农业基础地位，确保国家粮食安全，提高农民收入水平。要加快建立现代农业产业体系，延伸农业产业链、价值链，促进第一、二、三产业交叉融合。

提高农民组织化程度，是调整产业结构的客观要求。就农村实际而言，农民组织化程度包含两方面内容：一是农民在生产经营活动中分工和协作的程度，它体现了农民与农民、农民与其他经济主体之间的关系；二是农民作为社会劳动者的社会化组织水平，它反映着农民的社会地位和政治权利。因此，新型农业经营主体，将是农业产业化经营的"启动器"。

以发展现代山地特色优势产业为抓手，加快村级集体经济发展步伐，发展山地特色优势农产品和农产品加工业，促进农旅深度融合发展，实施农业名特优品牌战略，推进农产品电子商务营销。更加注重产业项目选择，大力发展收益稳定可靠的特色种养、乡村旅游等产业，同时要处理好政府与市场、合作社与农民的关系，让农民在改革中分享更多红利。这是贵州省当前和今后农村产业结构调整的发展方向。

产业结构调整是合理开发利用农村资源的重要手段。"八山一水一分田"是贵州的基本省情。长期以来，贵州省农业资源一方面相对短缺，另一方面配置不合理，利用率不高，浪费严重。通过调整优化农村产业结构，充分发挥区域比较优势，既注重平地挖掘，更注重山地开发，充分挖掘资源利用的潜力，实现资源的合理配置，提高资源开发利用的广度和深度，就可以实现资源的有效利用与合理保护相结合，既坚守生态和发展两条底线，又促进农业的可持续发展，从而提高农民的收入水平。

### 三、塘约发展的契机

农村最大的发展资源还是来自搞活承包地、宅基地、集体建设用地。怎样在坚持家庭经营的基础之上，丰富和发育多种多样的经营形式，培育多元化的经营主体，国内也有这方面做得相对较好的典型例子。比如，山东省的东平在家庭经营、合作经营、企业经营的基础之上，通过股份合作的形式，极大地丰富了基于家庭经营基础之上的多元化经营主体的构建，促进了农村的发展。

农民由一家一户的分散经营逐渐走向合作社联合经营，土地股份合作社在改变农村经营体系的同时，也推动了传统农业向现代农业转变。进一步把群众发动起来，提升农民组织化程度，加强农业实用技术培训，才能让更多贫困群众搭上企业发展"顺风车"，迈上脱贫致富"小康路"，以群众增收致富的实际成效激发农业农村发展的内生动力。

穷则思变，变则通达。灾后的塘约发展处于困境之中，正常的生产生活被打断。天灾彻底断掉了村民恢复传统生产方式的念想，大水也冲破了村民彼此之间的"藩篱"，还有一部分田地被水冲毁了，不管冲了谁的，要修复都很难。无奈之下的塘约村民开始寻求抱团发展，积极探索一条全新的发展道路。土地集中起来的农村正好可以进行产业结构的深度调整，从而破解了许多长期以来束缚村庄发展的难题。

因为观念问题，过去很长一段时间，农民宁愿将成片土地撂荒也不愿意流转出去，直接导致土地难以集中组织规模化生产经营。如今，农民可以放心将富余土地通过入股等方式流转到合作社，涉农公司、合作社等可以与合作社签订流转贷出合同获得土地，在合作社的指导下进行规范种植、规模化经营，并通过合作社的资源拓宽农产品销售渠道，实现订单农业，进一步培育了新型农业经营主体，提升了农民组织化程度。

过去，贫困户由于无资产抵押、无人担保，难以向金融机构申请贷款。"银村联姻"从源头上解决了贫困户贷款难的问题，为其创业提供了"第一桶金"。同时，合作社下设了妇女创业联合会、红白理事会、劳务输出公司、建筑公司、运输公司等，优先向贫困户倾斜，提供大量就业岗位，实现了家门口就业创业。

产业结构的调整，给灾后的塘约带来了意想不到的经济和社会效益。

## 四、塘约实践

由于将原来承包下去的零散地块重新集中了起来，使产业结构调整和规模发展成为可能，生产的组织化和产业化面貌也焕然一新。

合作社组建了几个专业队，队长由大家推选，报村支两委认定。村民们可以根据自己的特长、能力、愿望，自主选择参加哪个专业队。

以农业生产团队为例，这个专业队有四个组，负责人称班长。

其中的一班长罗光辉，曾举家到江苏华西村某毛纺厂打工，月薪四千多元。他的妻子做缝纫工，月薪也是四千多元。每月加起来一家人能有万把块钱的收入，有时候还不止这些。但是一家人吃、住都要花钱，孩子读书花钱，除掉这些开支，辛辛苦苦在外干了一年，年底也就有两万多元结余。加之上有老下有小，权衡再三，罗光辉举家回村，在自家的地里种起了蔬菜。

农业生产团队成立后，罗光辉被选为一班的班长，他重视精耕细作，用拖拉机耕地，别人耕两遍，他耕三遍。他还把工厂里的标准化生产运用到农地里，如此就把个人的优势传播到众人的劳作中。在他的带领下，一亩地产出辣椒七八千斤，之后还能种一季小白菜。一年下来，每亩地能有一万多元的收入。因种植业绩非常突出，罗光辉很快被推举为合作社的农业社社长。

如今，妇女在村里也可以实现就业了。每人在水田干一天报酬100元，旱田干一天80元，最低月工资2400元。每个月按26天计，不满的按天扣工资，超过的按天付加班工资。

罗保华一家是村里的精准扶贫户。没有入股合作社之前，罗保华一直在外打工，妻子经常生病，两个孩子在县城上学，一家人就指望着他紧巴巴的务工收入。2014年12月，塘约成立了塘约村农民种植专业合作社。听到这个消息后，他毅然回乡加入合作社。毕竟年纪不小了，不可能一直在外打工，大家抱团发展蔬菜产业，总比单打独斗好。在外面打工看过一些人通过发展蔬菜产业富起来了，现在村里也在搞发展，也想抓住这个机会试一试。为了最大限度地照顾到贫困户，村支两委通过召开村民大会，同意从合作社的股份里给每户拨出15股的股份，增加他们的分红收入。于是，除了自家的土地股，罗保华又多出15股的收益来。这样，一年下来，年底分红资金加上工资收入，差不多有4万元，摘掉了"穷帽子"。

塘约村有一家"百香农家乐"，女老板名叫张玲，是塘约村妇女创业协会中的一员。一提起她的名字，附近村寨的人都知道，"从贵阳回来的开农家乐的张百香"。因为张玲的小名叫百香，所以村里人都叫她张百香。后来，张玲干脆就把她的农家乐直接取名"百香农家乐"。

2016年，看到家乡的发展越来越好了，在外拼搏奋斗了近20年的张玲和丈夫停了贵阳的餐馆，回到塘约村开了家农家乐。她自己也曾坦言：一开始对于回到村里开这个农家乐，她心里也没底，不知道前景如何。毕竟村里的消费水平和贵阳没法比，人流量也没贵阳多。

现如今，随着来塘约参观游玩的人越来越多，她的客人也多了起来，一个月也能赚上几千元。虽然远没有在贵阳挣得多，但张玲却很开心，因为守家在地，可以兼顾家庭和陪伴父母。

塘约在调整产业结构过程中，还非常重视引智和发挥外来企业的作用。

比如，金土地合作社成立初期，种植的白菜、莲藕、西红柿、辣椒等蔬菜初具规模，产值达2000万元，纯利润200多万元。但是由于缺乏专业的销售团队，打不开销售渠道，好的农产品往往卖不出合理的价格。不满足现状的左文学想寻求更有成效的发展模式，希望引进管理团队开发塘约村，搞农旅结合的产业一体化发展道路，经人介绍间接认识了身为民革党员的罗江红，听了塘约村的发展历程后，罗江红被塘约人这种自力更生、艰苦奋斗的精神所感染，表示愿意加入到塘约的农旅一体化发展中来。罗江红积极联系中国农业科学院、北京农学院的专家为塘约的产业布局出谋划策，联系中央美术学院的教授实地考察塘约，根据塘约的人文环境设计塘约农旅产业公园。

金土地合作社还与贵州中瑞阳光运营管理有限公司合作成立贵州塘约旅游运营管理有限公司，负责塘约农旅公园的开发和运营管理。塘约村以产权(土地经营权、村民房屋经营权)、资金等形式入股并控股，中瑞阳光以成熟的运营模式、专业人才、资金等方式入股，成立了农村生态发展基金和农村公益基金。农村生态发展基金，整合村资产、扶贫资金、银行贷款、外来资金等用于盈利性项目投资：如民宿酒店、水上乐园、农业产业、饮用水公司、培训学校等；农村公益基金，用于发展滞后、未能跟上发展步伐的老、弱、病、残家庭发展所需。

以金融平台为支撑，村企联手，整合资源，通过整合规划、金融、教育、农业产业、大数据等各方资源为农村发展助力，农文、农旅、农产结合，实现创新实践业态，有效带动了塘约产业结构转型。

塘约通过调整产业结构，大大增强了集体经济实力，推动传统农业向现代农业转变，进而提高农业的自身效益，促进农业持续健康快速发展。实现产业结构调整，在产业上分工分业是塘约成功的宝贵经验之一。如果没有分工分业就没有规模报酬，就没有利益的增大，也就没有合作的前景，更没有后来的"党总支+合作社+公司+农户"的经济发展模式。借助产业结构调整的时机，塘约村的集体经济产业发展迅速实现了转型，通过组建农业生产、养殖、建筑、运输、加工等专业队，农民开始了"多兵种"作战，即使风险来了也再不用怕了。

今天的塘约人可以骄傲地说，不管外面有多少失业者，我们这里没有一个失业者。不论出去打工的乡亲们什么时候回来，都可以在村里实现就业。

产业结构优化升级是转变经济发展方式的关键步骤，也是实现经济增长的重要支撑力量。将过去承包给每家每户的零散地块重新集中起来，推动全村实现产业结构调整和规模化发展，生产的组织化和产业化焕然一新。同样一群人，谁来组织，组织成何种形式，结果大不一样。农村产业结构的调整释放出农村各种经济要素前所未有的活力，初步构建起集约化规模发展的现代农业体系，推动了塘约发展的提速升级。

省委书记陈敏尔强调，农村工作来不得半点虚假，要坚持一切从实际出发，从群众需求出发，注重精准、管用、有效，提高农民组织化程度，齐心协力抓产业、闯市场、奔小康。农村产业结构调整，要更加注重经营主体培育，打造一批有实力、有责任、有信誉、有管理经验的经营主体，提升农民的组织化程度。

# 第五章

# 壮大村级集体经济

积极发展农民股份合作、赋予集体资产股份权能改革试点的目标方向，是要探索赋予农民更多财产权利，明晰产权归属，建立符合市场经济要求的农村集体经济运营新机制。要探索集体所有制有效实现形式，发展壮大集体经济。要防止侵吞农民利益，试点各项工作应严格限制在集体经济组织内部。

——2014年9月29日，习近平总书记在中央全面深化改革领导小组第五次会议上的讲话

**关键词：村级集体经济 基础 经济发展 公益增加**

农村集体经济是社会主义公有制的重要组成部分，是中国共产党在农村执政的经济基础。村庄是一个小社会，若没有集体资产，就不可能管好它。不能认为只要农民脱贫了，集体穷一些没有关系。恰恰相反，不是没有关系，而是关系重大。

## 一、农村集体经济的缺失

农村集体经济是整个农村经济的重要组成部分，是农村全面建成小康社会的重要保障，是加快推进农业和农村现代化建设和增强农村基层组织凝聚力的物质基础。农村集体经济发展程度的高低，与一个地区农村社会发展进步和农民思想意识、生活水平是否达到一个新的发展阶段密切相关。

长期以来，农村集体经济的发展受制于村级领导班子素质不高、思路狭窄、认识不清、意识不强、基础设施薄弱、村级集体经济积累速度缓慢、土地所有权收益弱、资产产权不明晰、管理体制不顺畅和缺少政策支持和扶持等因素的影响。

有媒体曾这样报道：当前农村集体经济"空壳化"已经成为常态：一边是每年三五万元、连村干部工资都难以保障的经费补贴，另一边是破落的村内道路、水利工程等公益设施以及大量的民生需求。村级组织运转仅靠村支两委主要干部的个人"能量"，村级组织整日在"缺钱"与"花钱"之间左右为难。"想办事，没钱。不办事，老百姓又骂，基层党员干部就没有了威信"。农村集体经济"空壳化"已经不单单是一个经济问题，更是个政治问题。如果长期得不到解决，势必会影响农村基层政权的稳定、党在基层的执政地位以及社会主义优越性在农村广大人民群众中的具体体现。

随着决胜脱贫攻坚、同步全面小康步伐的加快，仍有不少制约村级集体经济发展的"短板"，特别是有的基层党组织政治功能不强，没有发挥好组织优势和制度优势，没有激发党员"细胞"活力，导致集体经济发展陷入"边推动、边消亡、边上马"的怪圈，"无能人干事、无钱办大事"的现象依然存在，部分基层党组织甚至软弱涣散，拖了脱贫攻坚的"后腿"；有的基层党组织发展功能不强，没有发挥好引领和统筹作用，没有厚植"经营乡村"理念，导致农村"分"得充分、"统"得不够，资源闲置多、整合少，单打独斗多、抱团发展少，短平快多、持续稳定少等问题依然存在，延缓了城乡一体化进程；有的基层党组织服务功能不强，不善于组织引导群众参与，也没有让群众充分分享发展成果，党的政策传递"最后一公里"仍然不够畅通，导致说话没人听、做事没人跟，党群干群关系疏远，少数群众对基层党组织的满意度不高，影响了党在农村的执政基础。

目前，许多地方发展集体经济，主要是解决村集体公共经费不足问题，政府部门基本上没有采取具体措施去发展集体经济，更没有将集体经济作为农民共同富裕的主要途径。中央文件中虽然提出要重视集体经济的发展，但往往是原则性提法，缺乏具体的、可操作性的政策或实现路径支持。

农村集体经济被忽视，严重影响了党在农村的相关政策的落实。大力发展壮大村集体经济，是增强农村基层党组织的凝聚力、战斗力的物质基础。农村是我国社会组织的"末梢神经"，承担着治理基层的重大责任。集体经济的强与弱，直接关系着扶贫工作的好与坏，百姓生活水平的高与低。没有集体经营层的发育，"统分结合、双层经营"的农村基本经济制度就会被虚化；没有集体经济发展，农村就难坚持以公有制为主体；没有集体经济的支撑，农村就失去了"先富"政策与"共富"政策的有效联结手段。

## 二、乡村治理的经济基础

习近平总书记强调，党管农村工作是我们的传统，这个传统不能丢。各级党委要加强对"三农"工作的领导，各级领导干部要多到农村走一走、多到农民家里看一看，了解农民诉求和期盼，化解农村社会矛盾，真心实意帮助农民解决生产生活中的实际问题，做广大农民贴心人。要把农村基层党组织建设成为落实党的政策、带领农民致富、密切联系群众、维护农村稳定的坚强领导核心。

发展壮大村级集体经济是增强基层党组织功能、提升基层党组织凝聚力、发展力、服务力的有效途径，是更好地解决民生问题，让改革发展成果惠及广大农民群众的经济基础。

习近平总书记在《摆脱贫困》一书中明确指出，发展集体经济是实现共同富裕的重要保证，是振兴贫困地区农业发展的必由之路，是促进农村商品经济发展的推动力。发展壮大村级集体经济，有效地增加农民收入，减轻农民的经济负担，对于提高农村社会化服务水平、加快农业现代化进程、实现农民共同富裕、维护农村大局稳定等方面具有十分重要的意义。

解决"有钱办事"的问题，是发展壮大村级集体经济的最终目的。习近平总书记强调，不仅要帮助村支两委发展集体经济，更要注重和加强后续管理，引导两委班子合理安排和使用村集体经济收益，真正把收益用于为群众办实事、解难事，最大限度地发挥其作用，让广大村民真正享受发展成果，从而提高村级党组织的公信力，密切党群、干群关系。

让农民在党的领导下重新组织起来。由谁来组织农民，这是一个十分重要的现实问题。要克服很多农民在分散经营中所遇到的困难，要使广大贫困的农民能够迅速地增加生产而走上丰衣足食的道路，要使国家得到比现在多得多的商品粮及其他的工业原料。同时，提高农民的购买力，使国家工业品得到广阔的市场，就必须提倡把农民组织起来。追求心中的梦想，必须坚持正确的方向，团结奋斗，离不开引领的力量。让分散的农民重新组织起来，这是实现农民共同富裕、建成小康社会的根本之路，让人民群众当家作主，这是焕发农民创造热情的基本保障，坚持和强化党的领导，通过在党的领导下让农民组织起来，才能有效解决"由谁领导，由谁组织"的重大课题。

习近平总书记很早就提出"要走组织化的农村市场化发展路子""探索像日本农协、台湾农会的机制""组织农民是我们党的独特优长"，并大胆预言：新型的合作化道路将会越走越广阔。他在浙江省委书记任上提出了农村合作"三位一体"的宏伟构想，大规模、多层次的农村合作协会（大农协）应运而生。

20世纪60年代初，浙江省诸暨市枫桥镇在社会主义教育运动中创造"发动和依靠群众，坚持矛盾不上交，就地解决，实现捕人少，治安好"的"枫桥经验"。1963年11月，毛泽东亲笔批示"要各地仿效，经过试点，推广去做"。

2013年10月11日，习近平总书记就坚持和发展"枫桥经验"作出重要指示，他强调，各级党委和政府要充分认识"枫桥经验"的重大意义，发扬优良作风，适应时代要求，创新群众工作方法，善于运用法治思维和法治方式解决涉及群众切身利益的矛盾和问题，把"枫桥经验"坚持好、发展好，把党的群众路线坚持好、贯彻好。

2016年3月22日举行的博鳌亚洲"乡村建设与治理"分论坛上，与会嘉宾认为，推进乡村建设的前提是明确农民的主体地位，出路在加快农民组织化进程。乡村建设、现代农业发展光靠农民不行，有些方面还要靠工商资本下去带动，但单个农民主体性不够，分散的农户无法跟各种资本对接，因此，提高农民组织化程度是农村发展、三产融合的前提和出路。

其实，早在十年前，著名农村问题研究专家温铁军就提出，农民如果有实力可以成立公司，农民如果弱势可以成立合作社。你如果连合作社也成立不起来，就以村委会名义也行，因为反正还有一个社区性的集体经济组织。形式可以多元化，是因为农业本身多功能。农业的形式多元化，但是核心思想是提高农民的组织化程度，比较适用的形式叫综合性的生产合作社或者是综合性多功能的经营主体，这是一个发展方向。如果这种组织创新能够推进，当然带来制度创新的需求。简单说，农村深化改革的核心思想叫做组织创新、制度创新。

### 三、组织起来，抱团发展

社会治理需要成本，治理村庄也需要成本，若无资产就无法治理好村庄。村庄是一个小社会，离开了村级集体经济，这个小社会就会缺乏坚实的经济基础，这个村庄就涣散了。有了村级集体经济，村支两委才可能正常开展工作，为村民提供更加丰富优质的服务。因此，对于当时灾后的塘约来说，最重要的事，不在修桥或办个什么厂，而是要把村民组织起来，依靠集体的力量抱团发展。

"空壳村"不是社会主义，"空壳村"办不成事。让村集体有经济实力，才能把全村的人重新组织起来，才能把外出务工的人吸引回来，农村才有人气，才能改变贫困。塘约村党支部是这么做的，团结全体村民，不落下一个贫困户。这就是不忘初心，就是在厚植根基，筑牢中国共产党的执政基础。

农业合作化是未来农村发展的方向，农村集体经济具有广阔的发展前景。目前，亿万农民有组织起来的客观需要，农民对发展集体经济有很大的需求。在多年的农业社会主义改造和发展过程中，广大农民对集体经济、对社会主义产生了深厚的感情和较强的依赖感，对发展集体经济也有着较强的心愿和呼声。因此，塘约村之所以能够取得现在的成绩，最根本就是在村党支部的领导下，把单打独斗的村民组织起来，共同谋求发展。贫穷落后并不是阻碍一个村庄选择走集体合作化道路的先决条件。相反，大家对有组织的"抱团取暖求发展"愿望更加强烈。

平坝全区专业合作社成员总共才2571人，这是按一户一人统计的。其中运行中的合作社122个，"空壳化"的有88个，那实际存在的就没有那么多户了。塘约"村社一体"的合作社，一个社就921户、3300余人。"什么力量大，人民力量大；什么资源好，人民资源最好。"人皆有内生动力，关键是能不能发挥出来。一旦个体的内生升动力在集体中发挥出来并形成规模力量，这个时候人口就成了最好的资源。

塘约正是用活了合作社纽带，"合股联营"让农民腰包鼓起来。按照"村社一体、合股联营"的发展思路，建立村党总支引领、村集体所有的"金土地"合作社，将合作社作为富民强村的"牛鼻子"，采取"党总支+合作社+公司+农户"的发展模式，鼓励村民以土地、资金与合作社联营，按照"合作社30%、村集体30%、村民40%"的收益分配模式进行利润分成，形成村集体、合作社、农户三方共赢的局面，促进村集体与村民的"联产联业""联股联心"。目前，合作社募集股东786户，占全村农户数的85%，股权总数4495.9股。同时，合作社还突破专门从事农业生产的常规模式，在其内部组建妇女创业联合会、红白理事会，设立劳务输出公司、建筑公司、运输公司等，开展综合培训，整合优化全村劳动力资源，实现了全村资金统一管理、资源统一规划、产业统一发展、产品统一销售、改革红利统一分享。

截至2016年底，塘约集体经济收入约180万元。这180万元是全体村民共同努力的结果。更重要的是，塘约的土地归农民集体所有，而不是归哪个大老板私人所有。全村人有一个基本共识：关心塘约，就是关心自己；支持塘约，就是支持这个集体。凭借土地集体所有权这个前提，做实壮大了村级集体经济，集体有了收入，可以为广大村民做事了。

相对于传统的"一大二公"的集体化、人民公社化，塘约这一次重新组织起来和寻求合作化的道路有什么样的区别？中国人民大学刘守英教授作了这么一个归纳：

第一，塘约的合作组织，是以全面的权力界定为基础，和"一大二公"的集体化道路比较起来最大的差别在于，"一大二公"是模糊权力规则，让原来农民手上的资源重新回到集体，实际上是模糊了产权的功能，而塘约作了全面的权力界定；前几次农民掌握在手上的是土地，这次是其他的七项产权。七项产权的界定为农村界分止争，推动农村的土地流转，实现农村产业化的推进打下了坚实制度基础。

第二，塘约这次重新组织起来走集体化合作道路，是以自愿为基础。这有别于人民公社强制运动化的方式。

第三，这次塘约的试点探索了党的十八届三中全会提出并于最近出台的"三权分置"关于集体所有主体的界定。集体所有就是农民集体所有，农民集体所有的含义不是少数人所有，是在集体里面每一个成员人人有份，所以集体所有的含义有别于传统的集体所有制。

第四，是有利益连接，这一次是利益归全体村民。跟集体化时期非常大的一个差别，就是那时候农民组织起来的目的是低价为国家提供农产品，为国家工业化发展做贡献。

因此，塘约如何合作、如何组织是一个往前进一步的深化改革，不是单纯意义上简单回到过去。

## 四、塘约实践

塘约村前有一条河，名为洗布河。与其说是一条河，还不如说是一条小水沟，但是一到雨季或赶上下大雨，河水就要漫出河道，淹没旁边的大片田地。1975年，借农田水利基础设施建设之机，进一步拓宽了这条河道，不过即便这样，最宽处也仅仅有8米。由于河道太窄，一遇到大水还是无法起到泄洪排涝的作用。因此，在2014年6月那场特大洪水过后不久，为了造福当地百姓，永绝后患，保障这片土地长久的安全，在土地集中起来统一规划后，村里集中力量把河道拓宽到了30米，并修筑了河两岸的防洪堤。这次拓宽洗布河，全体村民一起干，用了22天就修好了。这次依靠集体力量，村里还进一步疏通了另一条河道，同时也一并修筑了河道两岸的防洪堤坝。如今呈现在我们眼前的是一条河面达35米宽的家乡河。

曾经有一段时间，村子里大部分人都出去打工了，集体经济是空的，想做点什么，要人没人，要钱没钱，啥都做不成。

河上有座桥，近三十米长，但桥面却非常窄，只有1米宽，且离水面很近，一遇到大雨涨水，直接就被淹没了。平时附近四个寨子的村民进出都靠此桥，这个时候就过不去了，上学的小孩就更不用说了。生产队散伙后，几十年过去了，由于缺乏集体经济，修桥这类公益事业无钱可出，也无人问津。村里想修建一座高大的桥，就去找上级支持，县里给了6万元，只修了三个桥墩，钱就不够了。后来，村党支部书记左文学又去找三个煤厂的老板"化缘"，同时发动村民捐钱、出工出力，费了很大的劲，最后总算把桥建起来了。为了让子孙后代记住这些拿钱做公益事业的人，在桥头还立了一块"功德碑"，刻上了一副对联："众手绘出千秋业，一桥沟通万民心。"

塘约与平坝区和乐平镇在地图上看是一个三角形。从塘约开车到乐平要绕一个大圈，先开二十分钟车才到平坝，从平坝转去乐平又要三十多分钟，这一趟来回需花费两个小时，很不方便。塘约到乐平镇原来只有一条小路，大约五公里，步行要走1小时。必须解决塘约到乐平镇的交通问题。如果把那条小路开成公路，"镇村联动"就有很多事可以做。因此，村支两委决定彻底改造这条路。

2015年3月12日，这条路开始动工，从这天开始，塘约村人开始了义务劳动，自愿参加。每天都干到午夜以后，而且自带干粮。

有的白天在地里忙农活儿，就夜里再到工地来加班。男女老少齐上阵，修路的人中妇女占了一半以上，小学生放学了也过来帮忙抬土搬石块。"只要能干活儿的，没有人不去，都感到不去是丢人的。"群众被发动起来了！那种劳动场景，你就去想象吧！

85岁的杨进武老人也来到工地上，到深夜零点了，大家都劝他回家休息。老人说："这种全村集体出工干活的场面，我年轻的时候见过，现在又看到了。再不看，我就没机会看了。"

4月9日工程全部完工，用了28天，修筑了一条宽8米、长约四公里的柏油公路。现在公路开通了，十几分钟就可以上沪昆高速公路，四通八达。

这条路的修成，使村民们切实地感到，十个分散的村寨就是一个整体。曾经没想过的事情，现如今变成了现实。同时重新体会到，团结起来，都为集体公益事业出点力，村庄就能出现奇迹。

合作社也改变了村民。村民说："村还是我们村，人还是这些人，分散了，谁也看不出一个村有多大力量，集中起来真的能愚公移山。"28天男女老少齐上阵共同修筑出一条宽8米、长约四公里的柏油公路，也再次说明这个道理：什么力量大，集中起来的人民力量大；什么资源好，抱团发展的人力资源最好。

塘约迈开改革的第一步，就被资金所难住。因为缺乏土地流转的资金，为了解决这个令人头痛的问题，村支两委连着开了三天的会。规定土地的单价，当时村民代表大会协商下来田定每亩700元，地定每亩500元，坡耕地定每亩300元，最初开始成立起合作社有600多亩土地。村民说流转也行，但是你们先拿钱。村里开了三天会，还是开不出个结果来。没有现钱还是不行。幸好，农村信用社贷款解了燃眉之急。

穷则变，变则强。撕下"国家级二类贫困村"标签后，实现贫困户全部脱贫的塘约，已经有集体经济180多万元。据了解，2015年4月，塘约的运输队正式注册成立运输公司，建筑队注册成立建筑公司，注册资金800万元。还建立了一个水务管理工程公司，把全村自来水、提灌站集中起来管理，注册资金900万元。

2017年3月21日，省委书记陈敏尔来到塘约村视察工作，书记问左文学："用三年的时间，把村集体经济突破200万元，村民人均可支配收入达到2万元，塘约村有没有这个信心？"左文学大胆说出了："有！"在别人都为他捏一把汗的时候，左文学心里明白，他不但不会捏把汗，而且预感会提前实现。

省委书记陈敏尔指出，要重视村级集体经济稳定增长，建立健全培育集体经济的制度、机制、平台、框架。要把发展壮大村级集体经济作为基层党组织一项重大而又紧迫的任务来抓，着力破解村级集体经济发展难题，增强基层党组织的凝聚力，提高村级组织服务群众的能力。要把发展村级集体经济的理念确立起来，更加重视发展壮大村级集体经济。要把组织培育起来，推动建立一批农民合作社等村级集体经济组织。要把机制建立起来，围绕富裕农民发展村级集体经济，允许将财政补助形成的资产转交村级集体经济组织持有和管护，不断增加村级集体经济收入，实现民富村强。要把业态探索出来，因地制宜发展各类产业，创新村级集体经济业态。

# 第六章

# 聚焦村规民约

儒家思想和中国历史上存在的其他学说都坚持经世致用原则，注重发挥文以化人的教化功能，把对个人、社会的教化同对国家的治理结合起来，达到相辅相成、相互促进的目的。中国优秀传统文化的丰富哲学思想、人文精神、教化思想、道德理念等，可以为人们认识和改造世界提供有益启迪，可以为治国理政提供有益启示，也可以为道德建设提供有益启发。对传统文化中适合于调理社会关系和鼓励人们向上向善的内容，我们要结合时代条件加以继承和发扬，赋予其新的含义。

——2014年9月24日，习近平总书记在纪念孔子诞辰2565周年国际学术研讨会暨国际儒学联合会第五届会员大会上的讲话

**关键词：村规民约 共识 改陋习 立新规**

村规民约，是按乡村习俗，由乡民自行制定、共同遵守的基本规则，在各个历史时期对乡村治理都起到了重要作用。村规民约与基层百姓的生活息息相关，是乡村治理中一种接地气的自然规范，让村民在潜移默化中接受新思想、新观念的培育教化，并成为行为共识，有着极大的契约性、权威性、高效性。村规民约是对国家法律法规的重要补充。

## 一、农村精神文明建设存在的问题

改革开放以来，农村实行了家庭联产承包制，人民公社解体，农村政治体制也逐步走上了村民自治的轨道，新时期的村规民约随之出现。自《村民委员会组织法》在1988年试行、1998年施行后，村规民约愈显重要，逐渐成为村民开展群众自治活动应遵循的基本规范。

随着改革开放的不断深入，虽然人们的民主法制、重视科教、崇尚文明观念得到确立和不断增强，但是由于对群众教育管理的手段乏力、农村精神文明建设滞后，社会风气劣变，世风日下，价值取向多元化，集体主义观念淡化，个人利益至上，现实主义盛行，传统陋习日益抬头，中华民族传统美德传承出现断层。特别是随着农业税费的取消和国家众多惠民措施和优惠政策的出台，村民自治中对群众的管理面临着新的形势，也出现了一些新的问题和新的挑战。

当下，不少村一级组织没有村规民约，或者不同村的村规民约大同小异，千篇一律，甚至流于形式化。有些村规民约动辄罚款，"罚款"被视为农村治理的法宝，有失偏颇。另外，村规民约不应只是写在纸上、挂在墙上，形同虚设，要真正使村规民约落地生根、开花结果，应让村规民约真正发挥作用，用村规民约来涵养百姓的共识，培养百姓形成一种自觉遵守规则、用规则处理问题的法治精神。

随着经济社会的高速发展，农村城镇化进程不断加速，城乡交流日渐频繁，农村居民的收入不断增加，生活条件得到了很大改善。但是，在物质生活得到满足的同时，欲望的膨胀也难免会带来一些拜金主义、人情淡漠等不良后果。因此，进一步完善村规民约，发挥村规民约作用，推进农村精神文明建设迫在眉睫。

## 二、基层社会治理的重要方式

村规民约是村落居民根据本村实际条件制定的关于对生

产、生活、行为、道德约束的规章制度，是村民的道德、伦理准则，体现了一种来自日常生活的价值观念，凝聚了乡村智慧。

党的十八届四中全会提出，支持各类社会主体自我约束、自我管理，发挥市民公约、村规民约等社会规范在社会治理中的积极作用。村规民约就是中国基层社会治理的一种重要方式。

2014年2月26日，习近平总书记在中共中央政治局第十三次集体学习时指出，要按照社会主义核心价值观的基本要求，健全各行各业规章制度，完善市民公约、村规民约、学生守则等行为准则，使社会主义核心价值观为人们在日常工作生活中遵循。2014年10月23日，党的十八届四中全会进一步提出，促进社会治理法治化水平的提升，要鼓励和支持社会主体依法自治，发挥市民公约、村规民约、行业规章、团体章程等社会规范在社会治理中的积极作用。

村规民约，是对于道德、文明的约定，是社会公序良俗的体现，培养的是基层群众的规则意识。习近平总书记在曲阜考察时强调：加强全社会的思想道德建设，离不开家风的传承。家风是民风的基石，好的家风使每个家庭都健康、积极、向上；有村规民约保驾护航，民风就会变得淳朴。

好的社会风气的形成需要一个过程。发挥村规民约的教化作用，培育良好的社风民风，需要不断发掘传统村规民约中的精华，加强村规民约的修订完善，为村规民约注入新的活力。还要发挥群众的作用，让村规民约切合群众生活实际，强化可操作性，真正将村规民约落实到位。

习近平总书记指出，一种价值观要真正发挥作用，必须融入社会生活，让人们在实践中感知它、领悟它。要注意把我们所提倡的价值观与人们日常生活紧密联系起来，在落细、落小、落实上下功夫。知屋漏者在宇下，知政失者在草野。法律法规是针对普遍性问题而制定出来的，对于国家层面的法律法规来说更是如此，而村规民约则是针对特殊性问题而制定出来的，与村民们的生活更加息息相关。这些村规民约在规范基层社会生活、净化社会风气等方面都发挥了积极作用。

践行村规民约，一是要充分发扬民主。村规民约能否制定好、落实好，村民的参与和支持是关键。修订过程，坚持群众路线，既充分体现了人民群众的主人翁地位，发挥了人民群众主体作用，集中了人民群众的智慧和力量，又使人民群众在学法、用法、敬法、守法的过程中增强了法治观念，实现了自我管理。二是要坚持依法推进。在村规民约的制定过程中，要坚持以村民自治法律法规为依据，确保村规民约制定实施工作在法治的轨道上运行。坚持做到制订过程符合法定程序，条文内容符合法律规范，公布实施符合法治精神，使村规民约制定工作法制化、制度化、规范化。三是要坚持和发挥党的领导。在村规民约制定修订工作中，要始终坚持党的领导，强化分工协作，统筹推进，强化指导，认真实施，把好村规民约起草关、审查关，确保村规民约的制定修订顺利推进。四是把村规民约作为村民自治的有效抓手，建立不守信"黑名单"制度，强化负向惩戒，让村民在自身认可的制度规范中共建村庄，提升村庄治理水平，提高村民的文明意识和幸福指数。

村规民约有利于解决农村社会治理中尚未达到适用国家法律的实际问题。法律是由国家制定或认可的行为规范，作为全国普遍适用的行为规范，往往不可能规定得过细过密。事实上，每个村都有自己的实际情况，都有需要解决的实际问题，在农村环境治理、人际关系协调和农村秩序维护等方面，每个村庄也都有各自的特点。因此，除法律法规调节外，还需各村因村制宜，灵活制定和运用村规民约这一有力工具，加强农村社会治理。

### 三、以村规民约涵养村民共识

建设美丽乡村，美的不应只是乡村环境——这是乡村的"面子"，还应该注重乡村的"里子"即人们的道德文明素养。只有做到了内外兼修，才称得上真正的"美丽乡村"。

中国人自古以"孝"著称，特别在办理丧事的问题上更是马虎不得，披麻戴孝、守灵哭灵、答谢客人这些繁琐的流程，给很多人造成了困扰。今天，许多人因为攀比心理，在办理酒席时都讲究排场，造成铺张浪费，虽然有些人想简化流程，但碍于面子却不得不为之。这种现象不仅败坏了社风民风，还会对党内风气造成一定负面影响。

不仅是丧事，乡村办酒的名目五花八门，还有诸如满月酒、周岁酒、剃毛头酒、生日酒、升学酒、订婚酒、结婚酒、上寿酒、出殡酒、迁坟立碑酒，几乎在人生的每个重要节点都要办酒。为了办酒、吃酒，甚至有人不惜贷款。塘约有个村民叫杨成英，她的丈夫去世了，儿子和媳妇都是残疾人。但即便是这样的家庭，吃酒都是绕不过去的，没人会在意你贫困不贫困，每年仅吃酒送礼就要大约12000元钱。没钱怎么办？去贷款！

为什么不惜贷款也要吃酒？纵然穷，没钱，但也不能不送礼，村民不胜其烦……这就是民风，这就是长久以来村民的礼尚往来，它透露着我们百姓的淳朴与无奈。

不算不知道，一算吓一跳。2014年，塘约村支两委班子成员做过调查，比如，办一台丧酒，整个寨子的人都去吃，一办则几十上百桌，短的吃5天，长的要吃9天。一般300人，少则100人，多则五六百人。不光本村人办酒要去，邻村、邻乡镇亲戚朋友办的酒，也不能不去。村民都很忙碌，不是在吃酒，就是在吃酒的路上。礼金最少的200元，关系好一点的就要1000元。既耽搁了生产，又耗费了钱财。一些吃低保的贫困户，每年那3000多元的低保，还不够用来吃酒送礼。无奈之下，有的人选择去贷款。穷吃穷吃，越穷越吃，越吃越穷。有的选择外出打工的方式躲避，过年都不敢回村。

粗略估算下来，塘约每年仅摆酒就要花费近3000万元，这还不包括礼金。一个贫困村要做多大的项目才能拿到这笔钱？

农村的吃喝风不能不刹，农民的办酒陋习必须改。村支两委讨论决定制定村规民约以控制吃喝风。

村规民约制定之后能否达到预期效果，取决于村规民约是否实施执行得好，否则再好的村规民约也是一纸空文，难以发挥应有的作用。塘约村是这样做的：

一是坚持村规民约面前一律人人平等，村规民约既要约束村民，也要约束村干部；既要确定村干部监督执行村规民约的权力边界，又要确定村干部履行村规民约的义务。

二是建立健全科学合理的监督执行和奖惩机制。村规民约的施行可由村支两委成员、村务监督委员会成员和村内德高望重、办事公道的村民代表共同监督执行，采取一定形式对遵守村规民约的模范村民给予表彰，对违反规定的村民予以惩戒，实行"黑名单"管理，如果有违反村规民约的村民，将他们列入"黑名单"，取消享有的荣誉称号及部分优惠政策。直至考察合格后，才能从"黑名单"除名，继续享有村支两委提供的服务和国家的优惠政策。

三是善于依靠社会力量来促进村规民约的执行。对于违反村规民约的村民，不能一味靠处分来代替思想教育工作，要善于利用说服教育和村民相互帮助、感化等方式，形成执行村规民约的正能量。对于可能构成犯罪的事件，应由司法机关认定处理，不能以村规民约代替法律。

塘约的实践探索既找到了村党支部在村庄治理中发挥作用的一套方式，同时也解决了村庄公共生活治理的秩序问题。塘约的村规民约，把党领导下的村庄治理经验与中国历史上传统村治规则结合起来，让村民自我管理、自我教育、自我约束的行为规范，与基层百姓的生活息息相关，融入村民生产生活，成为日常的基本准则。

## 四、塘约实践

历史上的塘约，民风淳朴，村民很有骨气，从来没有一个人出去讨过饭。用他们自己的话说，即便再穷，饿死也不讨饭。但是，这些年来，光是办酒一项，就几乎能把村子给毁了。因此，塘约村把控制吃喝风作为一个大扶贫工作来做。

不以规矩，不成方圆。推进农村社会治理，提高村民自治是重点，村规民约正是实现村民自治的重要手段。村规民约就是依据党的方针政策和国家法律法规，结合本村实际，为维护本村的社会秩序、社会公共道德、村风民俗、精神文明建设等方面制定的约束规范村民行为的一种规章制度。

为了解决这个问题，塘约村出台了一个村规民约，规定凡有以下情节者均列入黑名单：1.不参加公共事业建设者；2.不交卫生管理费者；3.滥办酒席铺张浪费者；4.贷款不守信用者；5.不按规划乱建房屋者；6.不积极配合组委会工作者；7.不执行村支两委重大决策者；8.不孝敬父母，不奉养父母者；9.不管教未成年子女者。也就是今天我们熟知的"红九条"，村民视其为村内"宪法"。每一条都是不可触碰的底线，无论是谁，只要踩了它，都要被"拉黑"——3个月内不能享受惠民政策，村支两委也不为其办理任何手续。

比如，很多父母外出打工，把孩子留在家里由老人照看，短时间还可以，但有的父母几年都没与孩子见过一次面，不仅造成父母与子女之间关系的疏远，而且随着孩子慢慢长大，自主意识逐渐增强，老人的话根本就不听，慢慢地就不服管了。如果由于外出打工挣钱而放松了对孩子的教育，我们这些为人父母者挣钱又为了什么？如果任由其这么下去，这个孩子走向社会以后又该怎么办？当然，这也是当今社会普遍存在的问题，属于共性话题，并非塘约村的个案。很多专家和老师也一再发出呼吁：这些父母外出打工的孩子们需要更多关爱，不然今天的教育问题恐怕会成为明天的社会问题。"

村里许多类似处境的"留守儿童"，缺少父母的关爱，在孩子成长过程中，心灵留下了难以弥合的创伤，不仅不利于孩子日后的成长，也极有可能会成为社会不稳定的诱因，并极有可能引发一系列的社会问题。

"留守儿童""空壳村"，都基于青壮年外出打工，造成家庭生活支离破碎，进而引发各种社会问题。对此，塘约尽可能解决自己的问题。成立了合作社，创造条件让外出打工的村民回来。这条"不管教未成年子女者"就是在为村民的家庭健康考虑，得到大多数村民拥护。

村民代表大会是塘约村的最高权力机构，制定什么规章都必须通过村民大会决议。村规民约草案出来后，召开村民代表大会讨论后通过，随即在各村寨、路口张贴公告。与此同时，也给全体农户写了一封信，把"红九条"印成小张公告，每户一份，然后每户人家都签上约定的承诺书——表明我对里面规定的内容认同，一旦违反了愿意接受相应的惩罚。

禁止滥办酒席解决了，有些酒又不能不办，为了规范村民办酒问题，塘约村成立了"红白理事会"，专门负责统一办理全村的酒席。

之所以叫"红白理事会"，是因为只准许办结婚酒和丧葬酒，其他以往那些名目繁多、五花八门的酒一律禁止。为此，全村酒席总量一下子就减少了70%。具体规定如下：

1. 设置管理机构。成立塘约村"酒宴理事会"及服务队。设酒宴理事会成员7名；下设常务理事11名，每个村民组各选出1人担任；设服务队成员14名。

2. 村民直系亲人去逝，允许办白酒，但须在逝者死亡后立即向村老年协会申报，且酒席控制在40桌以内。

3. 村民接亲嫁女（二婚除外）需办酒席者，至少提前一周向理事会申报，以便安排餐具、厨具。酒席规模控制在30桌以内。

4. 红喜规定时间为2天，白喜一般规定5天，由理事会指定厨师4~5人提供服务，并提供免费餐厨具。凡红喜酒席超过30桌、白喜酒席超过40桌的，由操办酒席方每桌按15元交纳服务费。红喜超过2天、白喜超过5天的，服务费用由操办事宜者全部负责。

"从前一个老人过世，耽误一周时间摆酒，大约要花费21万元，现在由我们的服务队来办酒，我们掏1万元，就可以给老百姓省21万元。"村支书左文学曾向记者这样介绍。

村集体出面，花了不到60万元，就为村民节约了过去滥办酒席近3000万元的损失。怎么算这都太值了！

塘约广征民意，结合实际制定完善村规民约，围绕整治滥办酒席、整脏治乱等村级事务，提出的"红九条"和"黑名单"管理方式，生命力还在于在执行过程中敢于"下硬手"，坚持一视同仁，凡是踩红线的一律"拉黑"管理，不仅引导了群众建设文明的生活环境，也同步提高了村民的文明意识。执行下来，大家都逐渐形成了习惯，自发遵守"红九条"，塘约村也已经很久没人被列入黑名单。由此可见，如何进一步发挥村规民约潜移默化的规范、引导作用，是基层社会治理必不可少的重要环节。

省委书记陈敏尔到塘约村视察时指出，塘约和过去相比确实发生了很大的变化。"红九条"使得乡村治理走向规范，抓得很好。要充分利用多种手段加强村规民约的执行力度和影响力，村规民约才会对抵制不良行为和营造良好风气起到重要作用。

# 第七章

# 探索塘约群众工作法

要坚持眼睛向下，脚步向下，尊重基层群众实践，解决群众生产生活中面临的突出问题，务必使改革的思路、决策、措施都能更好满足群众诉求，做到改革为了群众、改革依靠群众、改革让群众受益。

——2014年12月2日，习近平总书记在中央全面深化改革领导小组第七次会议上的讲话

**关键词：工作方法 党群互动 党支部管全村**

人民群众是历史的创造者。广大农民是党在农村的社会基础，没有广大农民的积极参与，农村工作就成了无源之水、无本之木；党在农村的群众工作，就是充分发挥村党支部的战斗堡垒和党员的先锋模范作用，把广大农民紧紧团结在党组织周围，筑牢党在农村执政的群众基础。

## 一、农村党群工作存在的问题

党的十八大以来，随着城镇化建设的深入推进，大批农民进城务工经商，这种人居分离、人户分离，留守老人、留守儿童的"两分两留"现象和农民工返乡建设的浪潮，给农村工作、群众工作增添了新的内容，增加了新的难度。留守农民议事决策水平不高，缺乏集体和长远观念，思想难统一、资金难筹集，村集体的资金积累捉襟见肘，甚至几乎为零。公益事业陷入了"事难议、议难决、决难行"的尴尬局面，使乡村两级为民办事出现困难和障碍。

"三农"问题一直是重要的民生工程。随着投入力度的加大，农村人口的生活水平有了大幅度提高，但随之而来的社会治安、通货膨胀、环境污染、贫富差距、信仰危机等问题不断地冲击、影响着人们的价值观。价值观多元化不仅滋生了影响社会和谐稳定的杂音，并且严重影响广大农民的幸福指数。

工业化和城镇化速度的加快，导致农民失地问题日益凸显。土地是大多数农民赖以谋生的根本，但在土地征用过程中，由于未能切实解决好失地农民的生计问题，严重影响了社会的稳定，在一些地方甚至出现农民群众与政府的对立、对抗等群体性事件。

缺乏正确有效的方法和本领，也是农村党的群众工作中存在的突出问题。现在，群众路线已经被有的党员干部淡忘了。不少基层党员和群众反映，现在交通工具发达了，干部与群众的距离却远了；通信工具先进了，干部与群众的沟通却难了；干部的学历高了，做群众工作的水平却低了。这种说法，从侧面反映出党的群众工作和党群关系、干群关系中存在的问题。这里面既有立场问题、感情问题，也有方法问题、能力问题。

同城市一样，农村处于重要社会转型期，发展中的各种问题集中凸显出来，社会矛盾错综复杂，社会群体处于结构变化、利益调整和阶层重新划分的变革阶段，农村党的群众工作面临诸多新情况、新问题。

**二、农村党群工作的要义**

自诞生之日起，我们党就把全心全意为人民服务写在自己的旗帜上，牢固树立了马克思主义群众观。在长期的革命、建设和改革实践中，我们党形成并积累了许多群众工作的优良传统。"一切为了群众，一切依靠群众，从群众中来，到群众中去"的群众工作路线，是我们党的无价之宝，是任何时候都必须始终坚持的根本工作路线。

群众工作是我们党的优良传统和政治优势。习近平总书记强调，群众工作是我们党的政治优势。人心向背关系党的形象，关系党的生死存亡。密切党群、干群关系，保持同人民群众的血肉联系，始终是我们党立于不败之地的根基。一个政党，一个政权，其前途和命运最终取决于人心向背。如果我们脱离群众、失去人民拥护和支持，最终也会走向失败。历史告诉我们，我们每一项工作的胜利都是依靠人民群众取得的，离开了人民群众的支持，我们的工作就会陷于被动，甚至失败。对于密切联系群众这个我们党的最大优势，我们任何时候都不能削弱或丢掉，否则党的一切工作就会成为无源之水、无本之木，就会招致挫折和失败。

民生是否得到改善是检验群众工作好坏的标准。习近平总书记认为，检验我们一切工作的成效，最终都要看人民是否真正得到了实惠，人民生活是否真正得到了改善，人民权益是否真正得到了保障。这就要进一步下移群众工作重心，使群众工作真正走进广大农村人口，解决广大农村人口最关心、最直接、最现实的利益问题，确保群众工作取得实效，增强党和人民群众的血肉联系。

在密切联系群众中提高做好群众工作的本领。夯实社会和谐之基，做好群众工作，要求我们把维护群众根本利益、促进利益关系协调看作和谐社会建设的重中之重。对此，习近平总书记强调，要将心比心，换取真心。群众也好，领导也好，人的感情都是一样的，并不是群众的感情可以简单一点，群众的需求可以降低一点。要获得群众的信任，主要靠平时认认真真、仔仔细细地做好群众工作，临时抱佛脚是不管用的。我们要始终牢记党的根本宗旨，把自己看作人民群众的公仆和学生，自觉贯彻党的群众路线。深化改革、推动发展，主体力量是人民群众，依靠力量也是人民群众。

习近平总书记关于党的群众工作的重要论述，运用辩证唯物主义和历史唯物主义世界观和方法论，既部署"过河"的任务，又指导如何解决"桥或船"的问题，为我们认识、分析、解决农村党群问题提供了有效的方法"钥匙"。

### 三、把群众组织起来

如何在农村实现党的领导，这是农村党组织的历史使命。毛泽东曾指出：红军之所以艰难奋战而不溃败，"支部建在连上"是一个重要原因。苏联解体的教训之一，就是党的基层细胞坏死了，基层组织功能衰竭了。坚持党的领导，确立农村党组织的核心地位，绝不是让党组织孤军作战，而是要在发挥好党组织核心领导作用的同时，充分发挥好村委会、村合作经济组织和团支部、妇代会、民兵组织各自的作用。

把农民组织起来，就要尊重农民意愿和维护农民权益，把选择权交给农民，由农民选择而不是代替农民选择，可以示范和引导，但不搞强迫命令、不"刮风"、不"一刀切"。

严肃认真的党内政治生活增加了党员的认同感和归属感。塘约村严格执行"三会一课"制度：党支部每周必开例会，村支两委委员必须参加，安排工作；支委每周一次学习，党小组会半月一次，党员大会每月一次。还根据塘约实际印制学习材料，认真学习习近平总书记系列重要讲话内容，党员人手一本。结合"两学一做"学习教育，塘约村进一步增强了党员的思想意识，进一步强化了党员干部的作风，进一步激发了党支部带领全村脱贫攻坚的内生动力。

坚持和强化党的领导是塘约发展的根本原因。选好配强村支两委班子，选好一把手，选优配强村级领导班子，是村级发展的关键。塘约村的转变，正是从村支两委团结在一起，为整个村谋发展、想出路而开始的。如果没有一支团结的、有能力、有干劲的班子，塘约的改革之路就不可能顺利进行下去。

村党支部正确引领村委会、合作社、老年协会、妇女创业联合会、产权改革办、红白酒席理事会六大机构齐发力，心往一处想，劲往一处使，践行党的群众路线，以服务发展、服务群众为己任，关键时刻书记带头、党员先上，形成了坚强的战斗堡垒。将党建融入产业发展，成立"金土地合作社"，把坚持党的领导，加强党的建设和产业发展相结合，发挥党组织的战斗堡垒作用。

党建也要群众参与，积极监督党员。有村民提出：个别党员干部披着"干部"的外皮，带头争养老金、抢救济粮；党员干部空口做派，经不起群众的提问，发展村集体经济没思路；党员干部必须带头做到和谐、团结，搞好村组建设；切实抓好村集体经济，党员不应空口做派，只顾自家发展……这些意见建议，既有充满了火药味儿的尖锐批评之词，更有对党员干部的殷殷之盼。这说明群众对部分党员干部作风有意见、对乡风村貌有厌恶、对集体发展有期盼。

因此，充分发挥党支部的主动性、创造性，使基层党组织更好地运转起来，把集结号吹起来，通过党组织把党员集合起来，充分激活党的基层组织的领导力和组织力。农村党支部是农村各项工作领导核心这一理念必须强起来、硬起来。

实践也表明，党支部在农村各项工作中的核心地位，不仅不能削弱，而且还要更好地加强。村委会与党支部的工作目标是一致的，党支部要加强对村委会工作的领导，支持他们大胆工作。

### 四、塘约实践

群众路线是党的根本工作路线。坚持党的群众路线，必须建立群众参与机制，充分发挥群众的积极性、主动性、创造性。塘约改革起步之初，为了更好地开展工作，专门成立了一个老年协会，专门去做老年人的工作。

塘约60岁以上的老人有600多人，他们终生与土地为伴，对土地有感情，其中很多老年人还在种地。因此，先把这些老年人团结起来，对于村支两委开展后续工作无疑非常重要。在他们看来，先去做老人的工作，不是因为难，而是因为更容易。

老年协会的职能可以简单概括为：协助村集体与村民的沟通；协助解决村里的矛盾；公平主持或协调处理村庄事务。

曹友明，因为曾经当过民办教师、大队会计，还当过平坝信用联社营业部主任，退休后就被村里请来当发展顾问。因此，他顺理成章地被推举为这个老年协会会长。

在塘约村，土地流转中心是新生事物，因为缺乏了解，在开展具体工作时，有些村民还是有顾虑的，为此，需要村支两委去做大量的沟通协调解释工作。但如果一家一户的去动员，一来工作量巨大，工作效率低，时间消耗不起；二来由于干部水平也参差不齐，也不一定都能讲得准确，于是由曹友明执笔，给全体村民写信解释动员，印刷了发到每家每户。这样一来，既节约了大量人力，也无形之中提高了工作效率和效果。

合作社起步之初，由于缺少相关工作经验，问题重重，老年协会义务协助做了很多工作。

塘约在改革实践之前，生产队散伙30多年了，村里也出现了不少侵犯村民利益、村民侵占集体资源的行为。尤其是村民侵占集体资源的现象，多年来，存在村干部不愿得罪人或不愿管、不敢管的情况，以致集体资源被随意占用，这类问题在塘约屡见不鲜，在许多农村亦普遍存在。

在改革实践中，塘约逐步探索形成了农村土地承包经营权、林权、集体土地所有权、集体建设用地使用权、房屋所有权、小型水利工程产权、农村集体财产权"七权同确"的机制，有效解决了农村各类产权关系归属不明、面积不准、数字不清、登记不全、交易不畅等问题。

土地确权工作进行了10个月，不仅仅是有纠纷的，老年志愿者才去当裁判，这些老人始终与相关农户到地头协助丈量，指定地界，并在亩数确认后协助村里与这些农户签约、按手印等。

党的十八届三中全会提出全面深化改革，塘约确实也在进行着一场深刻的改革。可是，当这场改革改到干部头上时，怎么推进？

村支书左文学说，从《毛泽东选集》第三卷里读到《关于领导方法的若干问题》，看到毛主席开篇就写道：我们共产党人无论进行何项工作，有两个方法是必须采用的，一是一般和个别相结合，二是领导和群众相结合。受毛主席的启发，他认识到，首先要解决四种人的问题——村委、党员、村民组组长和村民代表。这四种人不是都有问题，有问题的只是"个别"，只是"少数"，先解决好这"个别"的问题，一般群众就好办了。干部带头，这事做起来就相对更加容易了。

做好群众工作，还要认真倾听和汲取群众的意见和建议。

因为现在间伐木头，交通不方便，一立方米只能赚200元。如果有一条能走中型车的路，把木头运出来，一立方米就能赚600元。因此，村第一党小组组长邓仕江、党员周其云提出修一条机耕路到田间和山上。党总支讨论，这件事可以降低劳动力成本，增加收入，可以干。于是，不等不靠，自己动手。相关的4个寨子出了1000多人，义务劳动，用18天修成了一条19公里长、4.5米宽的机耕路。

塘约有个村民议事会，把每个党员的评价表（包括领导班子成员）发给所在村民组的每一户群众，由村民打分，交给村民议事会评议。这不是一次性调查，而是塘约村的常态。对平均分不及格的，党支部给予警告。三次考评不及格说明过不了群众这一关，不是合格党员了，劝其退党。在塘约，大家把这叫作"驾照式"扣分管理模式。

在塘约，对党员的考核，首先在群众这一关。为了让村民管党员落到实处，塘约村在每个村民小组设立了党小组，把支部建到村民小组间。每15户村民选出一名代表，和村民小组长组成组委会，共同负责对本小组党员干部打分评议。年底100分考核中，村民小组长打分占10%，班子成员相互测评占20%，全体村民打分占20%，工作完成情况占50%。每周星期五晚上，两委班子对照本周工作分配登记表，互相画"勾"画"叉"。

连续三周不合格的干部就得卷铺盖走人。每周考核结果，年底按50%计入总分，作为评价干部和报酬奖罚的依据。

党建不能自说自话，也要群众参与。党员考核，首先倾听群众的声音，群众认可不认可。"以前没有考核，好像也无所谓。现在一考核，都很重视。要是不合格，连孩子都会被村里人瞧不起，丢不起人。"

省委书记陈敏尔强调，帮助老百姓发展致富是最大的群众路线。各级政府要认真贯彻中央和省委的决策部署，牢固树立群众观念，进一步点燃创业激情，改进工作作风，下大力解决好人民群众最关心、最直接、最现实的利益问题，以民生改善的实际行动践行党的群众路线。

# 第八章

# 塘约经验

　　改革开放是亿万人民自己的事业，必须坚持尊重人民首创精神，坚持在党的领导下推进。改革开放是人民的要求和党的主张的统一，人民群众是历史的创造者和改革开放事业的实践主体。所以，必须坚持人民主体地位和党的领导的统一，紧紧依靠人民推进改革开放。改革开放在认识和实践上的每一次突破和发展，改革开放中每一个新生事物的产生和发展，改革开放每一个方面经验的创造和积累，无不来自亿万人民的实践和智慧。改革发展稳定任务越繁重，我们越要加强和改善党的领导，越要保持党同人民群众的血肉联系，善于通过提出和贯彻正确的路线方针政策带领人民前进，善于从人民的实践创造和发展要求中完善政策主张，使改革发展成果更多更公平惠及全体人民，不断为深化改革开放夯实群众基础。

——2012年12月31日，习近平总书记在十八届中央政治局第二次集体学习时的讲话

**关键词：深化改革 脱贫攻坚 塘约经验**

塘约积极探索推进农业农村改革，加强党支部的领导作用，抓住改革的"牛鼻子"，充分调动干部群众干事创业的积极性，激发了农村内在活力，创造了贫困地区追赶跨越、全面建成小康社会的奇迹。塘约的经验具有一定的参考价值。

## 一、内生动力是前提

改革开放30多年来，党中央和国务院高度重视扶贫工作，设立专门扶贫机构，大力开展扶贫开发，走出了一条中国特色扶贫开发道路，成效举世瞩目。联合国开发计划署前署长海伦·克拉克说："中国最贫困人口的脱贫规模举世瞩目，速度之快绝无仅有！"但同时也应看到，个别贫困地区

过度依赖外力，将扶贫看作是一项福利，理解为政府给钱给物，贫苦户内生动力不足。贫困状况虽然短期内得到改善，但很容易反弹。

攻克贫困堡垒，是全党的共同任务。打赢脱贫攻坚战，全面建成小康社会，靠谁？靠贫困地区的广大干部、群众艰苦奋战，靠各级扶贫主体组织推动，靠社会各方面真心帮扶，靠不断改革创新扶贫机制和扶贫方式。说一千道一万，首要还是靠贫困地区广大干部、群众自身的艰苦奋斗，才能摆脱贫困，继续发展，过上向往的美好生活。

塘约的发展实践正是首先激发了广大群众的内生动力，村民们有了发展的愿望，然后在村党支部带领下，运用农村集体经济产生的凝聚力，重构乡村治理体系产生的向心力，实现决胜脱贫攻坚、同步全面小康的目标。2014年那场百年不遇的水灾让整个塘约村变得一穷二白，使得全体村民都回到了同一个起跑线上。大灾过后必有大治。今天来看，这场水灾好比硬币的两面。一场大水冲走了村民的财物，却唤醒了大家的凝聚力，也激活了大家的内生动力。在严重的危机面前，在无可奈何之下，老百姓最容易发动起来，组织起来。因此，我们才看到了这样的场景：一年时间，依托自身的艰苦奋斗，塘约全体村民抱团发展，让改革的成果惠及全体村民，实现了塘约村的脱贫；两年时间，塘约跃入了小康村行列。

内因是起决定作用的因素。打赢脱贫攻坚战，必须充分调动贫困地区干部、群众的积极性、主动性，让他们的心热起来、手动起来，摒弃"等人送小康"的心态。脱贫致富终究要靠贫困群众用自己的辛勤劳动来实现。因此，塘约充分激发了贫困地区百姓脱贫的内生动力，形成外部多元扶贫与内部自我脱贫的互动机制，确保实现脱贫攻坚目标。

2017年3月9日，中共中央政治局常委、全国政协主席俞正声在参加贵州代表团讨论时说道："我是在《人民文学》杂志上看到《塘约道路》的，后来《人民日报》也发表了一篇。塘约做到这样，关键是自力更生、艰苦奋斗，这是新时期的'大寨'。我看了那篇文章，留下深刻的印象。塘约精神还是不简单，还是要发扬。发现这种典型，然后鼓励这种典型。"

习近平总书记也反复强调：实现、维护、发展农民的根本利益是农村改革的出发点和落脚点，要坚持不懈推进农村改革和制度创新，充分发挥亿万农民主体作用和首创精神，不断解放和发展农村社会生产力，激发农村发展活力。

## 二、基层党建是引擎

党支部是党的组织基础，是党在农村的战斗堡垒，是党联系群众的桥梁和纽带。村党支部是党的组织体系的末梢，是党在中国广大农村执政的基础，具有极其重要的地位和作用。党支部扎根于群众之中，是人民群众认识党、了解党的窗口，也是党的各级领导机关了解人民群众的愿望和要求的主要渠道。因此，党支部是否坚强有力，能否履行党章规定的各项职责职能，对于能否发动群众、组织群众、凝聚群众、发挥党员先锋模范作用、完成党所担负的各项任务等，都具有十分重要的意义。

塘约之所以成功，归根结底，就在于村党支部的功能发挥得好。在村党支部领导下，发动群众，把村民组织起来，在大家不断努力下，把外出打工的人也吸引了回来，使贫困人口成为脱贫致富最好的资源。在这其中，村党支部无疑起到了关键作用，村干部和广大党员真正起到了先锋模范作用。工作往往都是从易到难。党员、干部带头，为广大村民做出了榜样，接下来再去做穷困户的工作，事情做起来就容易得多，从而促进了灾后重建等各项工作的顺利有序开展。

农村党支部是决胜脱贫攻坚、同步全面小康的关键与核心。农村党组织能否发挥这样的核心作用，直接关系到脱贫致富事业的凝聚力的强弱。如果没有一个坚强的、过得硬的农村党支部，党的正确路线、方针政策就不能在农村得到具体的落实，就不能把农村党员团结在自己周围，更谈不上带领群众壮大农村经济，发展农业生产力，向贫困和落后发起挑战。因此，共产党人只有顺应群众的共同意愿，才能代表群众的利益，才谈得上去组织群众、引导群众，才能充分发挥党组织的领导核心作用。实践证明，农村改革越深化，党组织的核心地位越要强化；脱贫攻坚越深入，农村第一线党组织的力量越要增强。

党建不能自说自话，不是独角戏，不仅党员参与，也要广大群众积极参与，融入其中。对党建工作的考核，多听听我们党组织和党员服务对象的声音。基层党组织工作做得好不好，关键看群众致富没有、环境改善没有、矛盾化解没有、社会稳定没有，归根到底要看群众满意不满意、高兴不高兴。

塘约的成功实践再次证明：村民富不富，关键看支部；支部强不强，要看领头羊。塘约之所以成功，关键在于选优配强了一个积极作为、具有较强战斗力的班子。打好脱贫攻坚战，首先要把党支部建设好，特别要选一个优秀的带头人。塘约的种种变化，正是因为有了强有力的班子和带头人，首先使党组织有了号召力、凝聚力和战斗力，发挥了基层党组织的战斗堡垒作用。"选好一个路子，建好一个班子，带好一支队伍，用好一套政策。面貌就会大改变。"

### 三、集体合作是方向

农村土地集体所有制，是中国共产党领导革命取得的最伟大的制度性成果之一。我国《宪法》规定：农村和城市郊区的土地，除由法律规定属于国家所有的以外，属于集体所有；宅基地和自留地、自留山，也属于集体所有。巩固农村集体所有制和加强党支部在农村的领导作用，是当前农村改革中关系全局的两件大事，涉及亿万农民的利益。

中国是农业大国，"三农"问题始终是事关我国经济社会发展的全局性、根本性问题。实行家庭联产承包责任制以来，伴随着土地所有权和经营权的分离，每家每户将目光集中到了自家的一亩三分地，一心想着自己如何发家致富，不再那么关心集体，土地撂荒，集体事务无人问津，农田水利等设施年久失修，单个农民也无力修复，直接导致农村部分公益事业和设施的损失。伴随着农村的建设发展，家庭联产承包责任制的弊端就越来越凸显出来。

土地集体所有制是农村发展的经济基础。不管怎么改，都不能把农村土地集体所有制改垮了，不能把耕地改少了，不能把粮食生产能力改弱了，不能把农民的利益损害了。土地集体所有制不改变，耕地红线不突破，农民利益不受损，这是中国农村新一轮改革必须坚持的"三条底线"。

农户是渴望被组织起来的。有了组织，农资市场、销售市场、生产管理上的困难都迎刃而解了。把群众组织起来，是基层党组织联系群众、落实党和国家"三农"政策最有效的办法。农村工作来不得半点虚假，要坚持一切从实际出发，从群众需求出发，注重精准、管用、有效，提高农民组织化程度，齐心协力抓产业、闯市场、奔小康。

农业合作化是未来农村发展的方向，农村集体经济具有广阔的发展前景。目前，亿万农民有被组织起来的客观渴求，农民对发展集体经济有很大的需求。在多年的农业社会主义改造和发展过程中，广大农民对集体经济、对社会主义产生了深厚的感情和较强的依赖感，对发展集体经济也有着较强的心愿和呼声。塘约村之所以能够取得现在的成绩，最根本的原因就是在村党支部的领导下，把包产到户后跑单的村民重新组织起来，共同谋求发展。实践证明，集体合作化道路和贫穷落后并没有直接的必然联系，但相对于经济发达地区的百姓来说，因为贫穷落后，把大家组织起来，把土地、资金、人力整合起来，更容易实现抱团取暖。

## 四、集体经济是基础

农村集体经济是集体成员利用集体所有的资源要素，通过合作与联合实现共同发展的一种经济形态，是社会主义公有制经济的重要形式。习近平总书记指出，积极发展农民股份合作、赋予集体资产股份权能改革试点的目标方向，是要探索赋予农民更多财产权利，明晰产权归属，建立符合市场经济要求的农村集体经济运营新机制。要探索集体所有制有效实现形式，发展壮大集体经济。

塘约通过"一分七统"，在实施土地承包经营、山林归属、集体土地、集体建设用地、房屋、小型水利工程和农村集体财产等"七权同确"基础上，分清集体与个人财产权利。资金统一核算、土地统一规划、村干部统一使用、劳动力统一配置、农产品统一种植销售、美丽乡村统一建设、红白喜事统一操办，探索出一条全新的发展模式，盘活了农村土地资源、资金资源、人力资源，整合了城乡资源要素，赋予农民更多财产权利，释放了改革红利，壮大了村集体经济，也拉开了村庄各项事业有序发展的序幕。

有了经济基础作支撑，村支两委可以为村民做更多的事。农村集体经济发展壮大了，村支两委的"腰杆"就硬了，为老百姓服务办事的底气足了，村庄也越来越有凝聚力了。

## 五、"三变"改革是路径

2014年，按照中央关于农村改革的部署和要求，贵州省六盘水市正式推出"资源变资产、资金变股金、农民变股东"的"三变"改革，通过激活农村土地资源、资金资源、人力资源，让村集体、农民、经营主体"三位一体""联产联业""联股联心"，促进了农业产业增效、农民生活增收、农村生态增值。2017年中央"一号文件"中指出，"从实际出发探索发展集体经济有效途径，鼓励地方开展资源变资产、资金变股金、农民变股东等改革，增强集体经济发展活力和实力"，充分肯定了六盘水市"三变"改革所取得的成效。

"三变"改革在塘约得到了发展和深化。"三变"是围绕资源变资产、资金变股金、农民变股东来做的，基础是把农村资源盘活。"三变"改革带来产业发展、产业结构调整，使得"人"这个要素活了起来。塘约原来的产业产值不高，现在产值增加了、效益增加了，老百姓的收入得到不断提高。据介绍，2014年，塘约村在外面打工的人是860个，2015年是350个，2016年只有50个，现在全部都回到村里创业就业，基本没有再外出务工的了，贫困人口只有19个。这19个人还是属于政策兜底的贫困户。村级集体经济从原来的3.9万元，增加到现在约200万元。这么大的变化，都是由改革带来的。塘约村抓住了农村改革的"牛鼻子"，这是个关键点。

改革开放之初，农村实行的是集体所有、家庭联产承包制，是"两权分离"，解决的是当时农民生产积极性问题。党的十八届三中全会提出，稳定农村土地承包关系并保持长久不变，在坚持和完善最严格的耕地保护制度前提下，赋予农民对承包地占有、使用、收益、流转及承包经营权抵押、担保权能，允许农民以承包经营权入股发展农业产业化经营。土地集体所有，农户承包，多元经营，实现"三权分置"，重在解决效率问题。逐步建立规范高效的"三权"运行机制，不断健全归属清晰、权能完整、流转顺畅、保护严格的农村土地产权制度，才能为发展现代农业、增加农民收入、建设社会主义新农村提供坚实保障。塘约的实践，无疑为改革提供了生动的注解。当然，塘约经验更有塘约特色，即主动适应和运用土地产权改变的基本原理，立足村情，把改革的落脚点放在发展和壮大集体经济、走共同富裕道路上。改革是手段，发展才是目的。

塘约的改革实践证明，进一步理顺农村土地所有权、承包权、经营权三者之间的关系，保证土地承包者的收益，使承包户放心流转，经营者安心投入，才能消除顾虑，最大限度破除农业产业发展的土地瓶颈，激发农村发展的活力，创造农村更为宽阔的发展空间。

要让农民富起来，要让农村产业强起来，要让乡村美起来，不把农民发动起来，组织起来，农业生产经营社会化程度不提高，仍然是一农一户分散的、小规模的粗放经营，最终结果只能原地踏步，仅仅解决温饱问题。农民从原来的小生产经营者变为企业的股东，从原来的仅获得土地租金、务工收入又增加了股份分红，从而在经营性收入和财产性收入上实现了重大突破。改革真正为老百姓带来了实惠，让发展更有质量，让治理更有水平，让人民更有获得感。

塘约经验的价值还在于以改革的思维、手段，来寻求打开"三农"问题的钥匙。

## 六、盘活资源是杠杆

改革开放是我们党的历史上一次伟大觉醒，正是这个伟大觉醒孕育了新时期从理论到实践的伟大创造。回顾改革开放以来的历程，每一次重大改革都给党和国家发展注入新的活力、给事业前进增添强大动力，党和人民事业就是在不断深化改革中波浪式向前推进的，就是在改革从试点向推广拓展、从局部向全局推进中不断发展的。改革开放是当代中国最鲜明的特色，是我们党在新的历史时期最鲜明的旗帜。改革开放是决定当代中国命运的关键抉择，是党和人民事业大踏步赶上时代的重要法宝。

全面深化改革是一个复杂的系统工程。改革的目的之一，就是在坚持正确方向前提下，要最大限度集中群众智慧，把党内外一切可以团结的力量广泛团结起来，把国内外一切可以调动的积极因素充分调动起来，汇合成推进改革开放的强大力量。

深化改革，就是盘活农村沉睡的资源，为发展增添新的活力和动力。农村大量的土地资源、资金资源、人力资源，如果不盘活整合，就难以发挥应有的作用。集中各户的资金，利用合作社平台，"借鸡生蛋"，塘约村赚到了"第一桶金"，也让老百姓尝到了甜头，看到了抱团发展的好处和希望。"七权同确"，让农民把产权"揣"在兜里，给农民吃下了"定心丸"，激活耕地、荒地、林地、沟渠等各类要素，盘活了农村资源性资产，初步形成了土地"所有权""承包权""经营权"的三权分置，为农村产权交易打下了基础。借助灾后重建的契机，在村党支部的带领下，充分发动群众，不断激发群众的内生动力，同时把大量外出务工人员吸引回来，纷纷加入到塘约的建设和发展中来。人力资源被激活。

塘约的实践，唤醒了沉睡的土地资源，激活了潜藏的人力资源，整合了分散的资金资源。农民从原来的小生产经营者转变为大产业大企业的股东，从原来的仅获得土地租金、务工收入转变到额外获得土地租金、务工收入、股份分红兼得的效果，在农村的经营性收入和财产性收入上实现了大的突破，收入得到大幅提升，让村民分享改革红利，让改革成果真正惠及了每个塘约人。

## 七、产业调整是手段

改革开放以后，农村实行家庭联产承包责任制，极大地调动了广大农民的生产积极性，在一定时期内，促进了农村生产力的发展，极大地改善了农民的生活。但是，长期以来农业和农村经济结构单一，农村第二、三产业不发达的状况仍然没有得到根本改变，农村第一产业中种植业比重大的格局仍未调整。这种单一的产业结构桎梏了农村发展的步伐，压制了农村社会发展的活力。

在一场大洪水之后，塘约探索出了一条崭新的发展道路。在这条发展道路中，推动农村经济增长的重要因素是产业结构的调整。通过调整优化农村产业结构，充分发挥区域比较优势，既注重平地挖掘，更注重山地开发。只要充分挖掘资源利用的潜力，实现资源的合理配置，提高资源开发利用的广度和深度，就可以做到资源的有效利用与合理保护相结合，既坚守了生态和发展两条底线，又促进农业的可持续发展，从而提高农民的收入水平。

随着人民生活水平的不断提高，旅游休闲成为大众的重要生活方式。充分利用我国旅游消费持续升温的契机，加快发展生态农业、休闲农业和乡村旅游，实现农旅一体化，做大做好这种休闲性、体验式的农村旅游市场，让更多农民参与进来，从中受益增收。这也是塘约在未来发展中谋求突破的增长点。拓展农村发展空间，补齐第二、三产业发展短板，正是通过产业结构的重大调整，推动传统农业向现代农业转变，塘约村才提高农业的自身效益，农业增产，农民征收，并大大增强了村级集体经济实力。这些反过来又进一步促进了农业持续、健康快速发展。所以，在产业上分工分业是塘约成功的宝贵经验之一。如果没有产业结构的调整，就不会产生规模效应，就没有利益的增大，就没有合作的前景，也更没有后来塘约的"党总支+合作社+公司+农户"经济发展模式。

### 八、村规民约是共识

塘约的惊人变化不仅仅表现在物质层面，还表现在精神层面。曾经的塘约跟大多数农村一样，喜酒、孝酒、生日酒、月米酒、搬家酒、升学酒等酒宴繁多，办酒规格年年攀升，份子钱让不少人家不堪重负。不仅是乱办酒席，脏乱差、不尊老爱幼、扯皮打架、赌博等现象也十分突出，影响村庄和谐稳定。

村规民约是推行村民自治、创新乡村治理的有效载体。村规民约作为介于法律与道德之间"准法"的自治规范，是全体村民共同意志的载体，是村民自治的表现，是村民自我管理、自我教育、自我服务、自我约束的行为准则，具有教育、引导、约束、惩戒等作用。村规民约提高了村民的法治意识和自我管理、自我监督的能力，增强了村庄自我化解矛盾的能力。但是，由于村规民约只是一种道德规范，其推行主要靠村民的自觉，靠风俗习惯和道德力量的维持，不具有强制力，执行起来也存在一定的困难。若想有效利用村规民约，就必须要抓住乡村公共环境卫生、公共安全、公共基础设施、移风易俗等村民集中关注的公共事务和热点问题，发挥好村民的相互监督作用，利用舆论的力量，真正实现让村民管理村民。

村规民约在农村基层社会治理中的法律功能和"软法"作用不容忽视，有助于弥补"硬法"的不足。法律法规是针对普遍性问题而制定出来的，对于国家层面的法律法规来说更是如此，而村规民约则是针对特殊性问题而制定出来的，与村民们的生活更加息息相关。这些村规民约在规范基层社会生活、净化社会风气等方面都发挥了积极作用。塘约村坚持问题导向，在此基础上广泛征求村民的意见，围绕治理滥办酒席、整脏治乱等村级事务，提出了"红九条"和"黑名单"的管理方式，并结合实际不断补充完善一系列村规民约，在具体执行过程中不徇私情，一视同仁，凡是踏底线、触红线的一律"拉黑"管理，树立了村规民约在基层社会治理中的作用，引导广大村民提高了文明意识，培育村庄健康和谐的社会风尚。由此可见，村规民约发挥着潜移默化的规范、引导作用，是基层社会治理必不可少的积极元素。

村规民约是在村民自治过程中逐步形成和发展起来的，是广大农民自己的创造，同时，建立健全村规民约、村民自治章程，对促进村民自治发挥着重要作用。实践证明，村规民约制定得好、履行得好的村，村民自治程度就高，村级集体经济和社会事业就发展得好。反之，一些村级集体经济落后、村级民主管理混乱的村，不仅村民发展的整体水平相对要低，村民大多缺少共同的理念，缺乏集体荣誉感，村级公共事业难办，缺少村民共同认同和遵守的村规民约。

塘约实践表面上看是一个村庄决胜脱贫攻坚、同步全面小康的生动具体实践，但其背后所折射出的则是未来中国农村改革的发展方向。这是塘约实践的现实意义。学习塘约实践，推广塘约经验，这才是最深层次要义所在。

省委书记陈敏尔强调，要精准建立产业扶贫机制，全面推进农村"三变"改革，总结推广"塘约经验"，让更多贫困户参与，让更多农民增收，让更多村级集体经济增长。

# 塘约村村规民约

为规范我村管理，促进发展，根据《村民委员会组织法》等相关法规，并经村民大会通过，特制定村规民约。

一、全体村民应遵守国家法律法规，崇德向善，不得违法乱纪。

二、土地属于集体所有，无论土地如何经营，不能减少土地，不能失去集体所有。严禁擅自改变土地用途；需建房的，按程序申请并经相关部门批准取得合法手续后方可施工。

三、商业用地需要征收土地的，征收地块一律按第二轮土地承包经营权证中承包土地明细登记地块类别进行测算补偿。对公益事业需占地的，农户应无偿让出土地，大力支持。

三、提倡优生优育，按规定做好妇检，允许一对夫妇生育两个孩子，严禁违规违法生育。

四、严禁在林区用火，发现一次罚款50~100元，构成犯罪的，移送司法机关依法处理。禁止乱砍乱伐，一经发现，根据砍伐竹木的大小、树龄和数量处以50~1500元的罚款；构成犯罪的，移送司法机关处理。确需砍伐林木的，必须办理《砍伐证》，方可砍伐。

五、村民之间产生矛盾，不能自行化解消除的，应报请村两委进行调解。村民的诉求须先到村，再到镇反映咨询，严禁越级上访。

六、禁止本村村民参与任何形式的赌博。

七、严禁乱倒垃圾，乱排污水，发现一次，处50元~100元罚款。禁止在河道内捕鱼，违者每次罚款200~500元（除钓钩外）。

八、所有村民必须严格遵守本村"红九条"，违反者按黑名单制度处理。

九、尊重科学，崇尚文明，不搞封建迷信活动，不参加各种邪教组织，不信谣传谣。

本村规民约若与国家法律法规有抵触之处，以国家法律法规为准。

本村规民约自村民大会通过之日起实施。

# 塘约村"红九条"

为推进全村工作，经村民代表大会研究，审议通过全体村民共同约定的九条规定，以户为单位，凡出现以下规定中的任何一条，经核后一律列入"黑名单"管理。

一、不参加公共事业建设者；

二、不交卫生管理费者；

三、滥办酒席铺张浪费者；

四、贷款不守信用者；

五、不按规划乱建房屋者；

六、不积极配合组委会工作者；

七、不执行村支两委重大决策者；

八、不孝敬、不赡养父母者；

九、不管教未成年子女者。

# 塘约村"黑名单"制度

凡违反"红九条"规定的村民，以户为单位，列入"黑名单"管理，考察期为三个月。考察期间，村支两委对列入"黑名单"的农户，不办理任何相关手续，取消享受部分优惠政策的权利，直至"黑名单"农户改正错误行为，经村民代表大会考察合格并同意消除"黑名单"后，方可继续享受国家一切优惠政策和村支两委提供的服务。

# 塘约村例会制度

为推进村级管理规范化、决策民主化，提高村级组织的凝聚力、战斗力，特制订本制度。

**一、例会时间**

每周一上午9：00。

**二、参会对象**

主要是纳入区财政补贴范围的村干部，村聘用并统一管理的人员，驻村干部。可结合实际，邀请挂帮联系的镇领导、帮村第一书记等参加。

**三、例会主要议程**

会议原则上由村党总支书记召集主持。

1. 传达学习上级有关会议精神及有关政策、法律、法规。

2. 汇报上周工作情况。

3. 研究部署当前有关工作。

**四、例会要求**

1. 每位村干部在会前必须认真做好调查研究，掌握一手材料，做好准备，并提出有关建设性意见。

2. 按时参加会议，实行签到制度，不得随意缺席，无故不参加例会者按缺勤处理，每次扣20分。

# 塘约村村干部百分制考评办法

### 一、考核对象

村干部主要是指纳入区财政补贴范围的村党总支书记、主任、文书、计生统计员和治安员，以及村聘用干部。

### 二、考核内容

主要针对分工或分片管理区域，结合自身职责，考核其工作实绩。

### 三、考核方式

每年考核一次，采取定性与定量相结合、平时与年终考评相结合的方式，按照百分制评定村干部考核结果。年终，通过实地查看、民主测评等形式，由村民组长及村民代表对村干部的年度工作目标完成情况给予评价，全面准确地了解和掌握村干部一年来的工作实绩，进行量化打分。

### 四、结果运用

采取"定岗不定人"，每周召开村支两委例会，会上对本周工作进行安排，并对上周工作进行互相评分。连续3周未完成交派任务的作"待岗"处理，并由其他有能力的人接替。年终进行综合核算，每周任务完成情况占50%，年底的村民组长评分占30%，村民代表评分占20%，按比例计算综合得分，作为干部绩效考核依据。村干部实行"年薪制"，按每分300元兑现工作报酬，考核结果在村公开栏内进行公示。

# 塘约村小组长百分制管理办法

## 一、考核对象

塘约村11个村民小组长。

## 二、考核办法

对小组长的考核，实行平时考核与年度考核相结合方式进行，由平时工作落实情况和年终测评组成。

平时工作落实情况。召开村支两委联席会议，结合各组平时重点工作落实情况进行考评，按照50%权重计入全年考评总分。

村民代表测评。年终测评时，向村民代表发放《村民小组长绩效考核表》，村民代表根据小组长年度工作情况进行评分，测评分占50%。

## 三、考核结果

考核采用百分考核的方法，满分100分；对各小组长的考核等次分为优秀、称职、基本称职、不称职四个等次（其中：90分及以上为"优秀"等次、70分~90分为"称职"等次、60分~70分为"基本称职"等次、60分以下为"不称职"等次），考核结果作为小组长发放报酬的依据。

# 塘约村党员量化积分管理办法

### 一、实施对象

塘约村全体党员。年龄较大、长期生病或行动不便需要人照料的特殊党员以及流出双向管理的党员，经征求本人意见、党组织研究同意，可以不纳入积分管理范围。

### 二、实施办法

全村党员每年按120分制积分，每人每月10分。统一制作《党员记分册》，由党员各自所在村民组组委会保管，小组村民议事会每月月末按以下标准对党员进行相应测评打分。年终由村务监督委员会统一收集计分，根据年度综合得分兑现奖惩措施。

**学习教育（1分）**

无故不参加党组织会议一次扣0.5分；会议、学习、培训迟到或早退一次扣0.2分。

**组织生活（2分）**

参加党组织安排的"三会一课"、义务劳动、党内活动及其他形式的组织生活，迟到或早退一次扣0.5分，未经批准不参加的每次扣1分。不按时足额缴纳党费每次扣1分，连续6个月不交党费的按《党章》规定处理。

**履行职责（3分)**

不尽职尽责解决群众困难的每次扣0.5分；工作拖拉、推诿扯皮的每次扣0.5分；不能按时完成党组织安排的任务的每次扣1分。

**廉洁自律（2分）**

有利用工作之便吃、拿、卡、要的每次扣1分；在工作、生活中不遵守公民道德规范的每次扣1分。

**遵纪守法（2分）**

在工作、生活中有违反相关规章制度和工作纪律行为的视情节扣0.5~2分。参与封建迷信、赌博性质等活动，影响较坏的每次扣2分；本人及家庭成员有违法违纪及其他违反政策行为的扣2分。制造传播流言蜚语，搬弄是非，影响群众思想政治工作的扣1分；参与群体上访、闹事的扣2分。

**三、结果运用**

年末，积分高于80分的党员按小组长报酬标准给予奖励，低于60分定为不合格等次，连续三年低于60分采取组织措施，严重的劝其退党。

# 塘约村村干部责任追究制度

为强化我村干部的责任意识，推进我村建设，经村民代表会议讨论通过，特制定本制度。

**一、责任追究对象**

村两委班子成员。

**二、责任追究内容**

1.违反财务管理规定或工作失职，致使村集体资产损失的；

2.村务公开弄虚作假，对集体资产处置、经济承包、工程发包等重大事务，不经村民代表大会通过，擅自做主的；

3.发生突发事件或重大事故，处置不当或不及时报告造成一定后果的，因工作失职、失察，造成村民集体上访的；

4.连续两年评议结果不合格的；

5.被司法机关追究刑事责任的。

**三、责任追究办法**

1.责任追究对象发生上述规定情形之一的，根据情节轻重，分别给予诚勉谈话、扣发误工补贴、取消年度评优评先资格等处罚。

2.村支委成员发生上述第5条规定情形的，由镇党委撤销其所担任的支委职务；村委会成员、民主管理监督小组成员发生上述第2、3条规定情形之一的，村两委会可提出罢免建议。

# 塘约村土地确权矛盾纠纷"三级调解"制度

为解决农村产权权属不清、面积不准、数字不明、登记不全等问题，塘约村在全省率先实施农村土地承包经营权、林权、集体土地所有权、集体建设用地使用权、房屋所有权、小型水利工程产权和农村集体财产权等"七权同确"。为及时化解工作中产生的矛盾纠纷，塘约村实行村民小组议事会、全村村民代表大会、司法终极调解"三级调解"制度，确保确权工作顺利开展。

村民小组议事会一级调解：村民小组议事会由村民组组长、村民代表、历任村干部、老党员、熟悉情况且有威望的寨老等组成，议事会推选会长、副会长、统计员共3人，负责组织农户指定界线，调解确权工作中出现的矛盾纠纷。村民代表大会二级调解：村民小组议事会调解不成功的矛盾，由纠纷当事人向村委会反映，村委会组织召开全体村民代表大会，村民代表们通过合议投票形成决议，对个别村民不合理诉求进行纠偏。

司法终极调解：如当事人对村民代表大会的调处意见仍不满意，可向上级司法部门申请司法调解，彻底消除矛盾，解除心结，理顺社会关系。

# 塘约村整治滥办酒席制度

为有效遏制本村滥办酒席陋习，减轻村民负担，经村民代表大会审议通过，制定本规定：

一、设置管理机构。成立塘约村"酒宴理事会"及服务队。设酒宴理事会成员7名；下设常务理事11名，每个村民组各选出1人担任；设服务队成员14名。

二、村民直系亲人去逝，允许办白酒，但须在逝者死亡后立即向村老年协会申报，且酒席控制在40桌以内。

三、村民接亲嫁女（二婚除外）需办酒席者，至少提前一周向理事会申报，以便安排餐具、厨具。酒席规模控制在30桌以内。

四、红喜规定时间为2天，白喜一般规定5天，由理事会指定厨师4~5人提供服务，并提供免费餐厨具。凡红喜酒席超过30桌、白喜酒席超过40桌的，由操办酒席方每桌按15元交纳服务费。红喜超过2天、白喜超过5天的，服务费用由操办事宜者全部负责。

五、除上述规定的酒席可办理外，诸如搬家、过寿、状元酒、剃毛头、满月酒等一律不准操办，一经发现，收缴食材送学校或养老院。

# 塘约村村民代表大会制度

一、为进一步发扬基层民主，实行村民自治，依照《中华人民共和国村民委员会组织法》等规定，结合本村实际，制定本制度。

二、村民代表会议向村民会议负责，在村民会议闭会期间，由村民委员会负责召集村民代表会议，讨论决定村民会议授权的事项。

三、村民代表会议的主要参加人员是村民代表、村两委会成员、经邀请可参加的列席的人员（无投票权和表决权）。

四、村民代表会议主要讨论本村建设规划、年度财务预决算、村级经济项目的立项、宅基地使用等涉及村民利益的重大事项。

五、村民代表由村民按每五户至十五户推选一人产生，但总数不少于三十人。代表每届任期与村民委员会任期相同，可以连选连任。村民代表应接受本村民小组选民的监督，有本村民小组五分之一以上选民联名，可以要求撤换村民代表。

六、村民代表会议每季度召开一次，必要时可随时召开，有五分之一以上村民代表提议，应召开村民代表会议。村民代表会议有三分之二以上的组成人员参加方可开会。

七、村民代表会议讨论和决策问题，所作出的决定和决议必须经全体代表过半数通过方为有效，所作出的决定和决议要向村民公布和公开。

八、村民代表会议决定的事项，在不违背国家法律法规和政策的情况下，村民委员会和全村村民必须贯彻执行和自觉遵守。

九、村民委员会在执行村民代表会议决定中遇到确须作重大变更和修订的，应提交下一次村民代表会议决定。

# 后

# 记

农村要发展，农民要致富，关键靠支部。塘约的变化是在农村集体所有制得到巩固、党支部的领导作用得到加强的前提下而发生的。抓党建就是抓关键，抓关键就是抓发展，党建也是生产力。有一个明白人做支部书记，有一个好班子充分发挥党的农村基层组织的战斗堡垒作用，切实发挥好基层党组织的政治引领功能——这是塘约成功背后最根本的原因。

塘约的发展引起了全国的关注。2017年以来，这个只有3300多人的小村庄，已接待了来自北京、辽宁、山东、山西、广东、湖北、重庆、四川等全国各地的100多个学习考察组。从3月15日至4月15日，仅一个月时间就有3万人次到塘约学习考察。

塘约遇到的问题，是中国农村改革发展中面临的普遍性问题。在各级党委的领导下，塘约人依靠自身的努力，成功地解决了村庄发展的问题，因而具有一定参考借鉴价值。

为了配合广大基层党员干部和群众更好地学习领会塘约精神，我们编写了《塘约答问》这本通俗理论读物。本书从多个方面对塘约实践进行了理论阐释，既有一般的理论分析，又辅以塘约生动的改革实践案例，希望有助于广大读者的理解。

本书塘约实践部分案例，参考了王宏甲老师的《塘约道路》一书和省内外媒体对塘约的报道，特此说明并表示感谢！

本书从选题策划到写作定稿，是在贵州省委宣传部理论处指导下进行的，编写过程中得到省委宣传部、省委组织部和安顺市委宣传部的关心和支持，在资料搜集整理和撰稿中，塘约村支两委班子成员给予了大力支持。还要特别感谢贵州省党建研究会和中共贵州省委党校领导和同志们的支持和帮助，尤其是秘书处李秀军、王芳、朱丽娜三位博士为本书前期资料搜集做了大量工作，在此一并表示感谢。

由于水平有限，书中不当之处在所难免，敬请广大读者批评指正。

作者

2017年6月12日

图书在版编目（ＣＩＰ）数据

塘约答问 / 郑东升 著. -- 贵阳 : 贵州人民出版社，2017.5
ISBN 978-7-221-14144-6

Ⅰ. ①塘… Ⅱ. ①郑… Ⅲ. ①农村小康建设－安顺－问题解答
Ⅳ. ①F327.733-44

中国版本图书馆CIP数据核字(2017)第088066号


| 书　　名 | 塘约答问 |
|---|---|
| 作　　者 | 郑东升 |
| 项目统筹 | 宋　健 |
| 书稿终审 | 夏　昆 |
| 选题策划 | 陶　锦 |
| 责任编辑 | 刘泽海　闵　英 |
| 装帧设计 | 光阴故事 Time Story　0851-85598599 |
| 出版发行 | 贵州出版集团　贵州人民出版社 |
| 地　　址 | 贵阳市观山湖区会展东路SOHO办公区A座 |
| 印　　刷 | 贵阳精彩数字印刷有限公司 |
| 开　　本 | 1/16　787×1092mm |
| 字　　数 | 66千字 |
| 印　　张 | 9 |
| 版　　次 | 2017年6月第1版 |
| 印　　次 | 2017年6月第1次印刷 |
| 书　　号 | ISBN 978-7-221-14144-6 |
| 定　　价 | 28.00元 |